Judith Jannberg
Gerlinde Adia Schilcher

Ich bin eine Hexe

Erfahrungen und Gedanken

Aufgeschrieben von Gisela Meussling

Edition Die Maus

ISBN 3 922 129 03 X
1. Auflage 1983
© Verlag Gisela Meussling, Bonn 1983
Bildnachweis: Karin Haus (2), privat (2), Marie-Luise Reiser (5) — Die Sechserkarte "Die Liebenden" aus dem Rider-Tarot von Waite/Smith auf Seite 85 veröffentlichen wir mit freundlicher Genehmigung der AG Müller, CH-8211 Neuhausen
Satz: DK Kierzkowski, Bonn
Druck: Leppelt Druck+Repro,
Königswinterer Straße 116, 5300 Bonn 3
Verlag Gisela Meussling (edition die maus),
Friedrich-Breuer-Straße 77, 5300 Bonn 3

Inhalt

Vorwort 5

Wechsel 7

Ich bin eine Sprecherin 15

Die Hexen kommen wieder 21

Die Hexen sind schon wieder da 53

Vermächtnis, Macht, Magie 83

Wes Geistes Kind bist du? 103

Du mit deinen einfachen Wahrheiten 117

Paracelsus hat mich durchschaut 137

Nachwort 151

Vorwort

Sie hieß Gerlinde Schilcher, als ich 1982 Kontakt zu ihr aufnahm. Als Judith Jannberg lernte ich sie bei verschiedenen Veranstaltungen kennen. Als sie mir dann am Schreibtisch gegenübersaß, war sie Gerlinde Adia Schilcher und erzählte mir, was sie erfahren hat, was sie denkt, was sie fühlt, was sie tut und welchen Weg sie weiter zu gehen gedenkt.

Gerlinde Schilcher ist eine ungewöhnliche Frau. Sie schert sich weder um Männergebote noch um Männerverbote. Sie tut, was sie für richtig hält und spricht darüber. Das tun andere Frauen nicht, die vielleicht ähnliche oder andere wichtige Erfahrungen gemacht haben, obwohl diese Erfahrungen, diese Erlebnisse vielen den Weg weisen und viele bestätigen könnten. Ja, einige geben sich noch nicht einmal im engeren Bekanntenkreis preis, und sie haben wohl gute Gründe dafür.

So sah ich meine Aufgabe darin, die Erlebnisse und Gedanken von Gerlinde Schilcher aufzuschreiben und weiterzugeben. Gerlinde macht nämlich keinen Unterschied zwischen ihrem privaten und ihrem öffentlichen Bereich, meint sie doch, daß das Private genauso politisch sei wie das Öffentliche und daß viele private Frauengeschichten Geschichte seien, die Geschichte der Frauen. Ich möchte möglichst vielen Frauen Gelegenheit geben, das kennenzulernen, was Gerlinde Schilcher zu berichten hat.

Gisela Meussling

Wechsel

Wechsel.

Ein belastetes Wort. Eines der vielen, das es gilt, von den negativen Befrachtungen des Patriarchats zu erlösen und in unser Eigentum zurückzunehmen. Ich habe vor, die Geschichte von "Ich bin ich" weiterzuerzählen, und schon der Beginn verursacht mir Herzklopfen. Mit dem Wort Wechsel greife ich ein Tabu auf. Und Angst, ich könnte mißverstanden und wegen meiner Offenheit verhöhnt werden, stellt sich von Anfang an ein.

Mein Leib- und Seelspruch für die Selbsterfahrungsarbeit der letzten Jahre war: haarscharf der Angst entlang. Mir selbst und den Frauen, mit denen ich in den letzten elf Jahren in Gruppen und auch einzeln gearbeitet habe, war immer klar, daß, wenn wir unsere persönliche Entwicklung vorantreiben und damit die Gesamtheit der Frauensituation verbessern wollen, Angst unsere stetige Begleiterin sein muß. Somit wurde die Angst keine Gegnerin, die wir zu bekämpfen und schließlich zu überwältigen hatten, sondern Angst wurde für uns eine strenge aber gerechte Freundin, von der wir uns vertrauensvoll an der Hand nehmen ließen, um uns dorthin geleiten zu lassen, wo wir etwas Neues zu lernen hatten.

Angst ist ein Maßstab für unseren persönlichen und auch für den kollektiven Weg. Immer, wenn sie auftauchte, wußte ich, daß es etwas Ungewohntes zu tun galt, daß ich etwas zu lernen hatte. Hatte ich korrigiert und umgelernt, dann war ich sie los. Haarscharf der Angst entlang, mich ins Unbekannte vorwärtstappend, die Zonen der Sicherheit verlassend, erzähle ich nun meine Geschichte weiter: Ich bin im Wechsel. Seltsamerweise vollzieht sich dieser Wechsel auf mehreren Ebenen meines Lebens gleichzeitig. Am auffälligsten ist meine Übersiedlung von der Stadt auf's Land. Dies ist ein Wechsel, dem gravierende Änderungen in meiner Lebensorganisation vorausgingen, dramatische Veränderungen in bezug auf meinen Glauben, meine Gedanken, meine Wahrnehmungen und auf meine Wertbegriffe. Konkrete Marksteine waren meine praktizierte freiwillige Selbstbeschränkung und meine Fähigkeit, oder besser gesagt, mein Bedürfnis zum Alleinsein.

Der Wechsel erfolgte von der Agitation zur Animation, von der wilden, mitreißenden Feuerfrau zur geduldigen Begleiterin bei Wachstumsvorgängen. Heute bin ich Mitglied von Nichts und Niemand; das heißt, ich gehöre keiner Kirche, keiner Partei, keiner Gewerkschaft, keiner Versicherung, keiner Ideologie, keinem Verein und keinem Arbeitgeber an. Ich gehöre auch keiner bestimmten Person. Ich bin Jungfrau im matriarchalen Sinn. Ich bin die, die sich selbst gehört. Wichtigstes Merkmal meines Wechsels: Ich bin unabhängig von der Zustimmung der Männer geworden, unabhängig von offiziellen und inoffiziellen Kulturträgern.

"Mutter Erde kennt keine Vaterländer" heißt es. Für mich heißt das ganz unromantisch Anschluß an die Hexentradition, heißt, mich kurzschließen an die Zeit vor zweihundert Jahren, als in unseren Gegenden Millionen von Frauen vernichtet worden sind. Heute eine Hexe sein heißt aber nicht einfach Rückkehr.

Sagte doch einmal eine Frau ganz richtig: "Wir können doch nicht wieder auf die Bäume zurück." Heute als Hexe leben, bedeutet, das verlorengegangene und wiedererinnerte Wissen der historischen Hexe, die, die ich einmal war, mit den neuerworbenen Fähigkeiten und Erkenntnissen der heutigen bewußten Frau, die ich jetzt bin, zu verknüpfen, zu einer Synthese werden zu lassen.

Auffälligstes Merkmal dieser Verknüpfung: Die historische Hexe hat nichts aufgeschrieben; sie hatte es nicht nötig. Die hexische Frau des 20. Jahrhunderts muß sich schriftlich mitteilen, um am Spinnennetz der Kommunikation mitzuwirken. Es ist bekannt, daß das, was über die Hexenfrauen des Mittelalters und der beginnenden Neuzeit überliefert ist, nicht von ihren Händen, sondern von den Inquisitoren, ihren Richtern und deren Bütteln und den Schriftgelehrten ihrer Zeit aufgeschrieben wurde.

Ich bin keine Hexenforscherin, ich schreibe nicht über Hexen, ich bin eine Hexe. Als die, die ich einmal war, denke ich, daß nur kommunikationsgestörte Menschen, nur Personen, die beziehungsunfähig sind, die Schreibmaschine anstelle der gegenübersitzenden Person umarmen müssen. Wer Angst vor Körperkontakt und Seelenberührung hat, wessen Sinne und Übersinne so abgestumpft sind, daß er die feinen Wellen, die da weben und spinnen zwischen allem, was lebendig ist, nicht aufnehmen und umwandeln kann, der muß sich trockener linearer Worte bedienen.

Kopfgeburten, Hirngespinste werden von Wesen geboren, die keine Organe haben. Diese Wesen haben nicht die Fähigkeit, Leben aus Fleisch und Blut, Beziehungen mit Saft und Kraft herzustellen. Wer in der Gegenwart, im Hier und Jetzt lebt, und wer fühlt, daß in diesem Augenblick alles enthalten ist, wer fühlt, daß nichts verlorengeht, der muß Erlebnisse und Ereignisse nicht konservieren. Die historische Hexe hat nichts aufgeschrieben. Sie hatte es nicht nötig. Als wirklich und wahrhaftig praktizierende Ökologin waren ihre Beziehungen zu allem, was da lebt, zu intakt, sie kam gar nicht auf die Idee. Hätte sie das Bedürfnis gehabt, sich selbst der Nachwelt schriftlich zu überliefern, sie hätte es getan, denn Bedürfnisse sind auch immer Fähigkeiten.

Hexen wußten, daß sie wiederkommen würden. Tod und Wiedergeburt war für sie kein archetypisches Symbol, sondern eine Selbstverständlichkeit, die sie überall in der Natur beobachten konnten. Und da sie wußten, daß sie wiederkommen würden, mußten sie sich nicht "in die Ewigkeit einschreiben". Es genügte ihnen, zu wissen, daß sie wiederkommen und alles, was sie erfahren haben, in ihrem Selbst, in ihrer Seele, wiederfinden würden und nach Bedarf nur abzurufen brauchten.

Wenn ich heute durch den Wald gehe und den Bach nach seiner Botschaft frage, und er gibt mir eine Antwort, und ich begreife diese Antwort, dann rufe ich eine alte Fähigkeit ab. Und wenn ich jetzt dasitze, und die Sprechsprache in eine Schreibsprache verwandele, dann entwickele ich eine neue Fähigkeit aufgrund eines neuen Bedürfnisses, nämlich dem Bedürfnis, andere Hexenfrauen zu erreichen und mich mit ihnen zu verbünden.

Es war mir, als ob ich mich erst wieder melden dürfte, wenn dieser in "Ich bin ich" angekündigte Zielschritt, die Errichtung einer Frauenherberge, vollzogen ist. Nun sitze ich da in meinem Ausgedinge (Auszugshaus für Altbauern). Ein Haus am Waldrand in einer ehemaligen Hexengegend. Eine Landschaft, in der sich Hase und Fuchs Gutenacht sagen, ist meine Heimat. Ich fühle den weisen Frauen des

Mittelalters nach, die sich aus der patriarchalisierten Dorfgemeinschaft an den Waldrand zurückgezogen haben, weil sie sich vor der zunehmenden Entfremdung und der Gewalt schützen und für ihr bewußtes, naturverbundenes Leben Ruhe bewahren wollten. Konzentration war ihnen wichtiger als Zerstreuung, Erkenntnisse wertvoller als Nachrichten.

Ich bin die Frau, die vollends aus der Männergesellschaft ausgestiegen ist, diejenige, die sich weigert, bei der Zerstörung der Erde mitzuwirken. Aber ich habe mich in diese Abgeschiedenheit und auch in meine Innerlichkeit nicht zurückgezogen, um darinnen zu bleiben. Ich habe mich zurückgezogen, um mich zu bewahren und von diesem geographischen und seelischen Standpunkt aus meine politischen Ausflüge ins Patriarchat zu machen.

In meinem kleinen Obstgarten-Paradies trägt ein Apfelbaum schwer seine Früchte. Aus dem dunkelgrünen Gras leuchten gelb die Äpfel. Abfallprodukte. Es ist Hoch-Sommer, Hoch-Zeit. Nach der alten Religion wurde um diese Zeit die Heilige Hochzeit, die Vermählung der Göttin mit dem Heros, die Verschmelzung des weiblichen mit dem männlichen Prinzip, gefeiert. Die Zeit ist reif, sie hat den Höhepunkt des Jahres erreicht, die Natur macht sich für den Wechsel bereit.

Nach der matriarchalischen Mythologie wechselt die Göttin in dieser Zeit ihre Gestalt von der Mutter zur Greisin. Gleichzeitig wechselt sie ihre Farbe von Rot, der Farbe des Eros, auf Schwarz, der Farbe der Magie. "Wie im Himmel, also auch auf Erden", vollziehen die sterblichen Frauen den gleichen Gestaltwandel wie die Göttin und ihre Verkörperung, die sichtbare Natur.

Wie kann es anders sein — meine Töchter sind dabei, sich von mir, ihrer Mutter, zu lösen und ihre eigenen Wege zu gehen. Ich wechsle also von der Mutter zur Alten, von der Roten zur Schwarzen, vom Eros zur Magie. Mich wundert's nicht, wenn sich nun, da Wechsel in allen Lebensbereichen angezeigt ist, auch meine "Weise wunde Menstruation", so ein Buchtitel von Penelope Shuttle und Peter Redgrove, schließt und auch meine mütterliche Fruchtbarkeit eine andere Gestalt annimmt. Seit zwei Neumonden habe ich nicht mehr geblutet und — obwohl es höchste Zeit war, ist erst jetzt der Punkt für mich gekommen, dieses Buch zu schreiben.

Ich bin im Wechsel, auch physisch, und indem ich dies erzähle, breche ich mit einem letzten manifesten Tabu der Weiblichkeit. Hier, an dieser Stelle verspreche ich mir, in Würde und Respekt alt zu werden und dazu beizutragen, daß auch andere Frauen dies vermögen und damit wieder die Macht erlangen, die sie einmal hatten.

Es ist so ungewohnt still hier in diesem alten Bauernhaus. Nur Bachrauschen. Ab und zu ist ein Vogel zu hören. Wie konnte ich es so lange in der Stadt aushalten! Es ist Nacht geworden. Das tiefe Dunkel vor meinem Fenster saugt meine Blicke auf. Wann habe ich eine solche Dunkelheit das letzte Mal gesehen? Eine Nacht ohne elektrisches Licht? Eine solch stockdunkle Nacht? "Wo war ich schon einmal und war so selig?" Man sagt, etwas sei schwarz wie die Nacht. Und über alte Frauen sagt man, "die ist schiach (häßlich) wie die Nacht!" Wer sagt hier, daß die Nacht schiach sei? Und warum habe ich dies so lange unwidersprochen gelassen?

Jetzt, am Beginn meines dritten Lebensabschnittes, scheint sich der Kreis zu schließen. Als einsames verwahrlostes, das heißt, nicht verwahrtes Kind, habe ich mit den Bäumen, den Vögeln und dem Bach gesprochen. Als 46jährige alte Hex' tu ich dies wieder. Eine Oktave höher.

Die feinen Geräusche der Natur fließen mit den Geräuschen meiner inneren Natur zusammen. Ich finde es aufregend und spannend, daß ich in einer Zeitenwende lebe, in einer Zeit, in der ich den Wechsel von der männlichen Zivilisation zu einer neuen Frauenkultur miterleben und mitgestalten darf.

Ich bin eine Sprecherin

Das, was ich er-innere, ent-decke, das, was ich erfahre und mitzuteilen habe, kann ich nur Menschen, lebenden Personen, sagen. Eine Schreibmaschine, ein Stück Papier, ein Kugelschreiber ersetzen mir nicht die lebendige Nähe eines interessiert zuhörenden Menschen.

Ob in einem vollgestopften Vortragssaal, einem kleinen Seminar- oder Gruppenraum oder zwischen dir und mir, immer, wenn ich spreche, entsteht eine unsichtbare Wechselwirkung. Was ich zu sagen habe, schläft zunächst in meinem Selbst einen Halbschlaf. Erst dein waches Interesse, dein Wohlwollen, wecken es auf. Die leichte Neigung deines Kopfes, ein Nicken, ein Auffunkeln in deinen Augen, ein zustimmendes oder auch mißbilligendes Lächeln, ein Stirnrunzeln, ein Seufzer und — das Wichtigste: dein Nachfragen und deine Einwürfe, das alles sind für mich Anzeichen, daß ich dich erreicht habe, daß wir in Kontakt sind. Erst alle diese kleinen Lebenszeichen zusammen wecken das Wissen und das Bedürfnis in mir, dieses Wissen zu teilen. Mit dir teilen. Mitteilen.

Ohne, daß du Zuhörerin es ahnst, ist dein Teil, nicht nur deine Anteilnahme, sondern auch dein verborgenes Wissen, deine schlummernde Weisheit, in dem, was ich äußere, enthalten. Im Augenblick des Sprechens und Zuhörens entwickeln wir ein kleines Kraftfeld, das, vom göttlichen Funken gezündet, eine Gleichzeitigkeit verschiedener Sensationen bewirkt. Uns geht ein Licht auf. Einen Teil unserer im Dunkeln liegenden Wahrheit können wir dank dieser Erleuchtung wahrnehmen.

Merkst du, was ich jetzt mache? Unbekümmert benutze ich Wörter, Zitate, Redewendungen, die für uns Frauen einen schlechten Beigeschmack haben, weil sie vom Patriarchat verhunzt worden sind. Ich werde in Zukunft jedes dieser verhunzten Wörter in ihrem ursprünglichen und eigentlichen Sinn gebrauchen.

Jesus hat als Kind von den weisen Frauen, den Essenerinnen gelernt: "Wenn zwei oder drei in meinem Namen beisammen sind, dann bin ich mitten unter ihnen." Als er erwachsen war, hat er diese Lehre weitergegeben, allerdings nur auf sich selbst bezogen und ohne hinzuzufügen, daß diese Wahrheit für alle beseelten Wesen gilt. Wenn wir von der Sonne sprechen, schickt sie uns ihre Strahlen, kommt der Mond in unseren Gesprächen vor, dann können wir sicher sein, daß Mondenergie uns berührt.

Nach meinen Erfahrungen ziehen wir jene Kräfte an, denen wir gleichen. Und wir gleichen jenen, die wir begreifen. Goethe ist hier genauer als Jesus, wenn er schreibt: "Du gleichst dem Geist, den du begreifst." Wenn wir also — zwei oder drei oder noch mehr — in unser selbst Namen beisammen sind, wenn wir also dabei sind, unsere Erfahrungen zur Sprache zu bringen, uns auszutauschen und unsere Weisheit, das heißt intuitives Wissen, zusammenlegen, dann können wir sicher sein, daß wir körperlose Bewußtseinsenergien, Geister der gleichen Qualität, wie wir es sind, anziehen.

Wir bekommen Verstärkung und werden angefeuert. Einfälle blitzen in unserem Kopf auf: Ideen, Erfahrungen, Zitate, Erinnerungen, Zusammenhänge. Du weißt, das sind plumpe Worte für einen zauberischen Zustand. Wer da sagt und es noch glaubt, wir bekämen im Leben nichts geschenkt, dem kann ich nur sagen: so ein Unsinn. Was sind denn Inspiration, was Begabungen? Gaben. Geschenke der Göttin! Laut Meyers Lexikon sind Inspirationen "plötzliche Anregungen, spontanes Entstehen von Gefühlen und Intentionen, die eine unmittelbare schöpferische Ausführung auslösen". Inspirare heißt: einhauchen. Interessant ist auch die religionswissenschaftliche Bedeutung. Danach ist Inspiration ein "Begriff für eine Offenbarung göttlichen Geistes, die von ihrem menschlichen Verkünder unabhängig ist".

"Wes des Herz voll ist, dem geht der Mund über." Frauen mit übervollem Herzen, offiziell die schweigende Mehrheit genannt, erleben sich in der Frauengruppe als Sprecherinnen. Wenn wir zu zweit, zu dritt oder noch mehr in unserem Namen beisammen sind, dann werden wir inspiriert und inspirieren einander. Aber wie kann ich mit dürren Worten beschreiben, was in einer Spinnstube der neuen Frauenbewegung, was in einer Frauengruppe passiert. Wie kann ich schriftlich erklären, welch eine andere Qualität das gesprochene Wort hat!

Hinkt schon meine Sprechsprache meinem Bewußtsein hinterher, so stolpert meine Schreibsprache umso mehr meiner Sprechsprache hintennach. Ich wachse von innen nach außen. Das heißt, was ich glaube, das denke ich, und was ich denke, das lebe ich, und was ich lebe — erst das kann ich berichten. Glauben, Denken, Fühlen, Tun ist deckungsgleich. Identisch. Es sind meine klare Identität, meine Eindeutigkeit und die Deckungsgleichheit meiner Energieströme, die meine Wahrheiten vermitteln.

Wenn ich spreche, dann spricht ja nicht nur mein Mund, es sind meine Hände, meine Füße, mein Gesicht, mein ganzer Körper, die mitsprechen. Das, was ich sage, **verkörpere** ich. Kurz, meine Haltung transportiert viel mehr von meiner Wahrheit als meine Sprache. Meine Glaubwürdigkeit ist weniger von den klug gesetzten Worten, viel mehr von meinem jederzeit überprüfbaren konkreten Leben abzulesen.

Saint-Exupery läßt den kleinen Prinzen sagen, die Sprache sei die Quelle der Mißverständnisse. Er hat vergessen hinzuzufügen, daß wohl Worte, nicht aber Körper lügen können. Es ist die männliche Sprachgewalt der Schreibsprache, die die Quelle der Mißverständnisse ist. Und tatsächlich: Sie, die Schriftgelehrten des 20. Jahrhunderts, die Pharisäer in der Geschäftigkeit der Universitätsbetriebe, sie alle lügen, lügen wie "gedruckt". "Nichts dahinter", heißt eine alte Redensart. Es müssen Hexen gewesen sein, die die irdischen und außerirdischen Intelligenzen solcher Art entlarvt haben.

Ich sage: Alles Gedruckte, Geschriebene, Gesprochene ist Lüge oder Heuchelei, wenn es mit dem tatsächlichen Leben des Schreibers nicht übereinstimmt. Ich habe in meinem Leben viele schlaue Bücher von gelehrten Männern gelesen. Je mehr ich aber gelesen habe, desto häufiger mußte ich feststellen: Da schreibt doch einer vom andern ab! Und alles, was wirklich weise ist, hat es schon vorher gegeben — bevor die Schrift erfunden wurde. Es ist Frauenweisheit, von der sie, die Schriftgelehrten, auch heute noch zehren.

Ein Gedankengang von typisch weiblicher Logik: "Zuerst sterben die Wälder und dann die Menschen." Wieviele Bäume mußten und müssen sterben, damit die Pharisäer sich selbst und ihre Brut — die Kopfgeburten — verewigen! Da sie es sich selbst verbieten und es ihnen ja auch seit dem Konzil von Konstantinopel verboten ist, an Wiedergeburt zu glauben, begnügen sie sich damit, sich einen Namen zu machen und meinen, sich damit ein ewiges Leben sicherstellen zu können.

Mir geht es wie vielen Frauen, die ihr Wissen im Körper fühlen. Ich nenne dies das Ge-Wissen. Und wie viele Frauen ringe ich darum, diesem Wissen eine Gestalt zu geben, es aus-zu-drücken. Drücken heißt Druck hinter die innere Stimme setzen.

Ich vergleiche den Vorgang des sprachlichen Ausdrückens mit der Anstrengung, die wir aufwenden müssen, wenn wir Stuhlverstopfung haben. Ich sage den Frauen immer: Und wenn wir rot im Gesicht werden, und wenn wir dabei platzen, wir müssen uns aus-drücken lernen. Wir haben nämlich alle eine Geschichte zu erzählen. Unsere eigene, unsere persönliche Geschichte. Und viele persönliche Frauengeschichten zusammen ergeben dann die Geschichte der Frauen. Und indem wir unsere Geschichten erzählen, machen wir Geschichte.

Die Hexen kommen wieder

In meiner Emanzipationszeit, in der Phase des "Ich bin ich", des Zustands der Identitätssuche und -findung, wußte ich zunehmend über Abläufe auf der Alltagsebene Bescheid. Die konkreten Vorgänge in mir und um mich herum waren mir bewußt. Ich kannte mich mit den Gesetzen der inneren und äußeren Natur aus. Die Naturgesetze, das Zusammenspiel alles Lebendigen und die Ordnung, die dahinter steht, wurden mir immer klarer. Ich wußte genau, was ich nicht wollte. Ich wußte nach und nach sogar, was ich lieber hätte. Doch wie ich angesichts der Um-Stände, angesichts der Sachen, die da um mich herumstanden, die mir im Weg standen und von denen ich wußte, daß sie vor mich hingestellt worden waren, damit umgehen sollte, das wußte ich nicht.

Eine wohlwollende Freundin meinte einmal: Du kannst doch nicht hauptberuflich Feministin sein. Studiere ein Fach, werde Spezialistin. Verschaffe dir Anerkennung im System. Du lebst ja nicht in der Realität! Und mit Realität meinte sie die Gesellschaft, die Männerzivilisation. Ich aber wollte mich nicht mehr mit dem System, mit den Inhalten der Männerkultur auseinandersetzen, mich nie wieder mit den Ideologien, mit den Institutionen herumschlagen. Ansatzweise hatte ich die Politik der kleinen Schritte versucht. Ehe ich das System aber unterwandern konnte, kam ich in Gefahr, selbst unterwandert zu werden.

Ich habe erkannt, daß ich niemals so gut wie ein Spezialist auf seinem Gebiet werden kann. Der Biologieprofessor, der mir die Inferiorität, die Minderwertigkeit der Frau aufgrund biologischer Fakten nachzuweisen versucht, wird mich immer mundtot machen, wenn ich mich auf einen Experten-Wettstreit mit ihm einlasse. Es wird immer einen Fachmann oder einen Spitzenpolitiker über mir geben. Ganzheitliche Wissenschaft und Frauenpolitik gibt es nicht. Und ich kann auch keine ganzheitliche Wissenschaftlerin werden, weil mein Leben nicht ausreicht, alles, was das System zusammenhält, zu studieren. Was wäre das aber für eine Gerechtigkeit, wenn nur Experten, wenn nur Studierte, Wissenschaftler und Tüchtige im Sinne des patriarchalen Leistungsgedankens heil und glücklich werden könnten.

Nach der Frage dieser Freundin tauchten denn auch zwei weitere Fragen auf. Die erste war: "Ist das die einzige Art, zu leben?", und die zweite: "Wie haben die Frauen denn vor der Machtergreifung der Männer gelebt?" Was haben die Frauen gemacht, bevor es die Coca-Cola-Kultur gab? Was war **vor** der männlichen Medizin, **vor** der männlichen Wissenschaft, **vor** der männlichen Religion? Was war **vor** dieser Art, geboren zu werden, zu lieben und zu sterben? Was war die sogenannte prä-historische Zeit? Wer waren die Barbaren? Wer waren die armen Heiden, die missioniert werden mußten?

Sehen wir wieder im Lexikon nach. Heide: unbebautes Land, Waldgegend, wildgrünendes Land. Heide: zur Heide gehörig, die Waldgegend bewohnend, unzivilisiert, Nichtchrist. — Ich bewohne heute ein unbebautes Land in einer Waldgegend, wildgrünend. Ich fühle mich zur Heide gehörig. Ich bin unzivilisiert, ungern Staatsbürgerin. Und die staatliche Seite macht es mir auch nicht möglich, ohne weiteres meine Staatsbürgerschaft freiwillig zurückzugeben. Um staatenlos zu werden, müßte ich mindestens zehn Jahre im Ausland leben.

Und ich bin Nicht-Christin, also eine Heidin. Siehe, ich bin **nicht** die Magd des Herrn, mir geschehe nach **meinem** Willen. In dem Zusammenhang gibt es noch andere interessante lexikalische Erklärungen. Nehmen wir Irrglauben und Aberglauben, der mir ja unterstellt wird, wenn ich nach einem anderen Glauben als nach dem christlichen lebe. Aberglaube: in religiöser Scheu und in magischem Denken wurzelnder Glaube. Und Irrglaube: die seit dem 15. Jahrhundert bezeugte Zusammensetzung enthält als ersten Bestandteil das unter "Aber" behandelte Wort im Sinne von verkehrt.

Was heißt dies nun für mich? Ich bekenne mich zu meiner religiösen Scheu und meinem im magischen Denken wurzelnden Glauben. Im 15. Jahrhundert war der Höhepunkt der Hexenjagd. Die Erfindung der Buchdruckerkunst und die massenweise auftauchenden Hetzschriften gegen die Frauen meines Schlages und ihre Religion führten fast zu einer Ausrottung der Frauen in bestimmten Gegenden. In Tausenden von Flugschriften, in Tausenden von Predigten wurde der Glaube der Frauen als Aberglaube, als Irrglaube verdammt. Zwangstaufen, Vergewaltigungen, Folterungen, Hexenverbrennungen waren an der Tagesordnung. Ich bekenne mich zu diesem Glauben, um dessentwillen Millionen von Frauen ihr Leben lassen mußten.

Ich bekenne mich zu diesem Glauben, der unser alter Glaube war und heute wieder unser neuer Glau-

be ist. Es war im letzten Urlaub, als wir uns mit dem Auto Zentimeter für Zentimeter der ungarischen Grenze näherten. Ein Schlagbaum, ja, Schlag-Baum ist auch so ein Wort, als Grenze zwischen zwei Vaterländern und zwei Ideologien. Bis auf den Schlagbaum und die vereinzelten Wachtürme keine anderen Kennzeichen, daß die Erde dort eine Grenze vorgesehen hätte. Da wurde mir zum ersten Mal bewußt, daß Mutter Erde ja gar keine Vaterländer vorgesehen hat. Die Erde kennt keine Zeitepochen, keine Ideologien. Meine Heimat ist nicht ein Vaterland diesseits oder jenseits eines Schlagbaums. Meine Heimat ist tagseits die Erde, das Diesseits, und nachtseits das Universum, das Jenseits. Meine Heimat ist da, wo sich hexische Frauen berühren. Und wenn das nicht die einzige Art zu leben ist, welche Arten gibt es noch?

Die Hexen kommen wieder. Diesen Satz hörte und sagte ich erstmals vor zehn Jahren. Ein Slogan der Frauengewegung war: "Wir erobern uns die Nacht zurück." Die Frauen forderten die Aufhebung des nächtlichen Ausgehverbots. Mit unkenntlich gemachten, weiß bemalten Gesichtern machten wir, als Hexen getarnt, in der Walpurgisnacht die Straßen unsicher. Jahr für Jahr demonstrierten wir in der Nacht zum 1. Mai gemeinsame Stärke im Einsatz für Gleichberechtigung. Doch Gleichberechtigung ist schon lange kein Ziel mehr für mich. Wir wollen nicht die Hälfte des Kuchens, wie es eine Amerikanerin einmal ausdrückte, wir wollen uns einen ganz anderen Kuchen backen.

Gleichberechtigung hieße teilhaben am Vaterrecht, hieße, die Gesetzgebung der Väter gutheißen, hieße am Glauben der Männer teilhaben und an deren Normen und Werten. "Die Hexen kommen wieder" heißt heute für mich mehr. Heute ist Tod und Wiedergeburt keine Glaubensfrage mehr für mich. Kommen und Gehen, Geborenwerden und Sterben, der Kreislauf der Natur, ist für mich eine wahrnehm- und überprüfbare Gewißheit. Wir alle kommen so oft und so lange wieder, bis wir unsere Wesenheit Mensch vollendet haben. Alles muß wirklich werden.

380 nach Christus hat Kaiser Theodosius I, der Große, ein Religionsedikt erlassen, wonach der katholische Glaube Staatsreligion wurde, 391/392 verbot er alle heidnischen Kulte. Von da an wurde jede Abweichung von dieser Staatsreligion als Staatsverbrechen verfolgt. Ein Großteil dieser Verfolgten waren Frauen. Und alle Frauen, die während der letzten Jahrhunderte wegen ihrer Religion gefangen, gefoltert und getötet wurden, alle Frauen, die wegen ihres magischen Glaubens, Denkens und Lebens "das Zeitliche segneten", den "Geist aufgaben", vorzeitig "heimgehen" mußten, sie alle kommen wieder. Sie kommen wieder und sind zum Teil schon wieder da.

Erstmals in der Geschichte des Patriarchats können hexische Frauen, Frauen mit Selbstbewußtsein, überdauern. Diese Frauen drängen in die Geschichte, auf die Erde, in die Landschaft, um sich zu vollenden. Manche machen tausendmal die gleiche Erfahrung, andere Tausende von Erfahrungen. Wohl an die hundertmal habe ich erlebt, daß in der Frauengruppe zwei, drei oder auch mehr Hexen sitzen. Ich wußte, ohne daß ich es wußte, dies ist eine Hexe.

Nehmen wir Katharina, 24 Jahre jung und Volksschullehrerin. Sie kommt aus dem Waldviertel, dem Gebiet zwischen Wien und der tschechischen Grenze. Feminismus ist für sie ein Fremdwort. Was ist das? In die Frauengruppe kommt sie, weil sie unter der Isolation der Großstadt leidet. Sie war von einer

Freundin mitgenommen worden, weil sie ein bißchen menschliche Wärme suchte.

Katharina ist aber nur eine der Frauen, die mir gezeigt haben, daß wir keine feministische Ideologie brauchen, denn kaum war sie da, begann sie von sich zu sprechen. Da wurde mir klar, da ist eine, die denkt, fühlt, die erlebt wie ich. Sie ist sich ihrer bewußt, sie ist feministisch. Wie soll ich das beschreiben? Katharina spricht und lauscht, während sie redet, in sich hinein. Auf den Inhalt dessen, was sie sagt, kommt es nicht allein an. Die Frauen in der Gruppe schauen gebannt, wie Katharina spricht. Da sitzt nicht ein junges Mädchen, sondern eine alte weise Frau, die uns erzählt, was sie selbst und was die Welt in ihrem Innersten zusammenhält. Woher hat sie das? Sie hat nie ein Buch über weibliche Spiritualität gelesen. Von der Frauenbewegung hatte sie erst vor ein paar Monaten gehört. Sie war allerdings eines jener glücklichen Kinder, das tagelang allein durch die Wälder streifen konnte, das unbeaufsichtigt sich selbst und ihrer inneren Stimme überlassen war, weil die Eltern — Bauern — von der Arbeit überlastet waren. Nicht die Gesellschaft, sondern die Natur war ihre Lehrerin. Eine Hexenfrau.

Mit Staunen erlebe ich seit einiger Zeit ein Phänomen. Es scheint an der Zeit zu sein, daß hexische Frauen einander finden müssen und daß sie sich zusammenschließen. Es fügt sich auch immer so, daß sie einander erkennen und sich ohne viele Worte verständigen können. Hauptpersönlichkeitsmerkmal dieser Hexenfrauen, die ich überall wittere und aufspüre, ist eine fundamentale ursprüngliche, unverkrüppelte, unverstellte Kraft, eine Eigen-Sinnlichkeit, eine Eigen-Willigkeit. Und unsere Verschwörung kann mit einem einzigen Wort verbunden werden: Gerechtigkeit. Dabei liegt der Schwerpunkt auf Recht und auf "das, was ich denke, was ich tue, ist richtig". Das sind allerdings die Frauen, die in der Marxismus-Diskussion passen müssen. Es sind die Frauen, die traumtänzerisch sicher und mondsüchtig ihren geraden Weg gehen.

Bei diesen undeklarierten Hexentreffen — nein, wir erklären uns nicht: wenn wir einander gefunden haben, können wir nicht mehr voneinander lassen — ahnen wir auch die Gefahr, die noch immer nicht gebannt ist. Es ist kaum eine unter uns, die nicht Gefahr läuft, in die chemische Zwangsjacke (Psychopharmaka) gesteckt oder unter die Obhut eines Aufsehers, sprich Ehemann oder Chef, gestellt zu werden. Hexenfrauen, die sich freigemacht haben und wild, das heißt ungezähmt, jenseits der Zivilisation und nahe der Wildnis leben, kommen in der Regel nicht ungeschoren davon.

Wir wissen, daß die Gefahr noch nicht gebannt ist. Die Hexenjagd geht weiter. Wir werden an den Pranger der öffentlichen Meinung gestellt, in den Medien verheizt, zu Hause peinlichen Verhören unterzogen und erleiden tausendfachen Rufmord. Wir werden gebrandmarkt, und ihr wißt, was dies heißt. Wir bekommen einen Stempel ins Fleisch gedrückt, das Brand-Mal: "Du bist ja nur frustriert, nicht normal, schlechte Mutter, Männerhasserin, Egoistin, Emanze, Lesbe!" In der Ehe und anderen Institutionen stehen wir ebenso am Pranger. Wir sind angebunden, man zeigt mit dem Finger auf uns: "Du bist schuld, du bist schuldig." Und der Maulkorb, den wir von klein auf tragen, hat dann auch in solchen Situationen seine Wirkung.

"Die Zeit der Verzweiflung" ist noch nicht vorbei. Und doch, wenn wir aufpassen, wenn wir die einmal gemachten Fehler nicht noch einmal machen, also "liebe ihn nicht mehr als du geliebt wirst" und "laß ihn doch zugrundegehn, auf seinen Grund gehn", dann können wir heute psychisch und physisch überleben. Hier und heute ist es möglich, auf eine andere, auf weibliche Art zu leben.

Ich bin eine Hexe. Aber wieso weiß ich, daß ich eine Hexe bin? In meiner persönlichen Entwicklungsgeschichte fühlte ich mich am Ende. 1980 war ich an eine Grenze gestoßen. Ich hatte es zwar schon längst aufgegeben, im Patriarchat eine Heimat zu finden, ich hatte aber gehofft, in der offiziellen autonomen Frauenbewegung auf mir ähnliche, mir gleichartige, mir gleichzielige Frauen zu stoßen. Ich mußte erkennen, daß dies eine Täuschung war. Ent-Täuschung ist immer das Ende einer Täuschung. Ich hatte mich getäuscht.

Die Frauenbewegung, die ich in Wien vorfand, war eine Frauenrechtsbewegung. Der Kampf um politische und soziale Gleichberechtigung, so wichtig und interessant er auch war und ist, ließ mich immer häufiger trocken, zweifelnd und verzweifelnd spät in der Nacht in mein Bett kriechen. Da war doch noch etwas? Einmal, vor langer Zeit. Da muß es doch noch etwas anderes geben, etwas, was mir wichtiger ist als der Kampf um einen Frauen-Sitz in einer Männerpartei, als die Forderung nach gleichem Lohn für gleichwertige Arbeit und als die Freigabe der Abtreibung. Wenn ich ehrlich bin, ich mag **diese** Politik, **diese** Arbeit und auch die Abtreibung nicht. Tage, Wochen, Monate, war ich Mutter-Seelen-allein.

Ich mach's kurz. Ich habe drei Nächte lang wachgelegen und Blut geschwitzt. Zwar war mein Nachthemd nicht rot, aber ich weiß, daß ich Blut geschwitzt habe. Wozu? Wozu dieser Kampf? In ein paar Jahren ist alles vorbei. Wer hat recht? In diesen drei Nächten kam mir die Gewißheit, daß ich von den Richtern im Patriarchat niemals Recht bekommen würde. Gerechtigkeit würde ich von jemandem anderen bekommen. Aber von wem? Und wann? Wenn hier und jetzt keine Aussicht darauf besteht, Recht und Bekräftigung zu erhalten, wo und wann würde ich sie dann bekommen?

Weiß du, es war niemand da, der meine Ent-Scheidung, ein eigen-williges und eigen-sinniges Leben zu führen, begeistert und begeisternd begleitet hätte. Ich wurde von rechts -- radikal, revolutionär, anarchistisch -- und von links -- individualistisch, bürgerlich -- in die Mangel genommen. Doch tauchten kleine Gipfelerlebnisse auf, Einsichten, spirituelle Höhepunkte, Ekstasezustände. Sie kamen wie Sternschnuppen und zeigten mir die Richtung an. Da war doch mal was, ja...

In diesen drei Nächten — katholische Christen würden vielleicht Offenbarungserlebnis dazu sagen — hatte ich als Ergebnis des Mit-dem-Bauch-Denkens die Gewißheit, daß ich schon oft auf der Erde war und daß ich daher mit Bestimmtheit wiederkommen würde, daß es einen "Ort" gibt, an dem mir Recht geschieht. Ich war durchgebrochen. Ich habe eine Decke durchstoßen. Ich habe eine Grenze überschritten. Schon vor diesem Erlebnis war mir die Bedeutung des Wortes Transzendenz bekannt. Wie jämmerlich aber war dieses strohtrockene, sterile Wissen im Kopf. Nach dieser Grenzüberschreitung, nach dieser vielsinnigen nächtlichen Erfahrung habe ich verzweifelnd Rotz und Wasser geweint, habe ich vor Freude geschluchzt.

Ich denke, daß ich in diesen drei Nächten auf eine ganz eigen-artige originäre Weise religiös geworden bin. Oder genauer: Die Rückbindung an etwas oder jemanden, der oder das größer, schöner, höher, feiner, mächtiger, heiler, heiliger ist als ich, war gelungen.

Diese Bindung, die immer schon bestanden hatte, war mir plötzlich bewußt geworden. Bitte verstehe, das war kein Vorgang im Kopf, nicht das Ergebnis eines logischen Denkprozesses. Das war Erkenntnis auf weibliche Art: Ich bin ja beschützt. Ich bin geführt. Ich werde begleitet. Ich bin behütet. Da gibt es Jemand oder Etwas, der oder das großes Interesse daran hat, daß es mir gut geht. Und mit "gut" meinen die nicht die Bequemlichkeit der Vorstadthausfrau, die ich einmal war und die ich wieder sein könnte, sondern mit "gut" meinen die Güte, Qualität, Menschenqualität.

Von der Zeit an purzelten die Zufälle. Zu-Fälle sind erweiterte Inspirationen. Jemand, etwas fällt mir zu, und zwar im richtigen Augenblick, wenn sich eine Frage oder eine Bitte in mir formuliert, wenn ich eine Such-Antenne aufstelle. Die Antwort oder die Erfüllung läuft mir als Person, als Buch, als Bild, als Zitat oder als Gedanke über den Weg. Zufälle sind Gaben, Geschenke der Göttin. "Alles fügt sich ein, zusammen..." schreibe ich einmal in mein Tagebuch. Der Zeitgeist muß weiblich sein, denn plötzlich tauchten überall in der Literatur und in meiner geographischen und seelischen Nähe Hexen, spirituelle Sucherinnen und potentielle Finderinnen auf.

Bei Peter Dürr lese ich: "Freie Geister treffen sich in der Traumwildnis zu einem Gedankenaustausch." Dieses Zitat fiel mir in einer Zeit zu, in der kein Tag verging, ohne daß mir eine Frau erzählte, sie habe von mir geträumt. Ein anderes Zitat fiel mir in die Hand. Ein afrikanischer Wissenschaftler namens Ibits behauptet: "Es gibt Hexen, die sich, ohne daß sie es wollen, nachts treffen, Erfahrungen austauschen, Pläne schmieden." Ich bereitete den Vortrag "Im Namen der Mutter und der Tochter undsoweiter, Amen" vor. Während ich daran arbeitete, legte mir eine Frau das neu herausgekommene Buch von Mary Daly "Jenseits von Gottvater, Sohn & Co" auf den Tisch. Ein Jahr später erschien das Buch "Die Göttin und ihr Heros" von Heide Göttner-Abendroth. Zufälle?

Wir haben uns wissentlich nicht abgesprochen. Da sitzen aber an verschiedenen Ecken und Enden der Welt Frauen und arbeiten an sich und an ein und demselben Thema: Frauenspiritualität, Frauengeschichte, weibliche Mythologie. Jede greift ein anderes Stück des Fadens auf. Aber dieser Faden führt an's Ziel und uns Frauen zueinander. Wo immer wir zu fragen anfangen, immer kommen wir zum gleichen Ergebnis. "Freie Geister treffen sich in der Traumwildnis zu einem Erfahrungsaustausch."

Ich bin eine Hexe. Ja. Ich bin eine wiedergekommene Hexe. Ich bereite einen Vortrag über Hexen vor. Dazu studiere ich einen Teil der umfangreichen Literatur. Ich liege zu Hause auf meinem großen Kommunikationsbett, lese, notiere, fühle mich teils wach, interessiert, zornig, empört, teils gelangweilt, nämlich an den Stellen, an denen sich männliche Interpreten wichtig machen, und entdecke, daß plötzlich Angst in mir aufsteigt. Ich bin gerade dabei, die Protokolle über die peinliche Befragung und über die einzelnen Stufen der Folterung zu lesen und fühle, daß mir der Schweiß ausbricht. Meine Hände zittern, meine Füße verkrampfen sich, ein Ekelgefühl steigt hoch, und ein Würgen im Hals zwingt mich, aufzustehen und auf die Toilette zu gehen. Ich übergebe mich, und mit der Kotze brechen plötzlich Schmerz und Verzweiflungsschreie und ein unbändiges Weinen aus. Ich sehe mich in einer Folterkammer. Ich werde gepeinigt. Die Körperqualen sind groß. Und Schmach steigt auf. Ich bin nackt. Wie lange dauert das? Was ist das? Was geschieht mir?

Ich wasche mich und gehe zurück zu meinem Buch. Ich lese weiter. Aber alle fünf Minuten muß ich das Buch weglegen, tief Luft holen und mich auf die Füße stellen.

Wieso weiß ich, daß ich eine Wiedergekommene bin? Eine Freundin besucht mich. Sie war ein halbes Jahr in einer indianischen Stammeskultur im Hochland von Bolivien. Dieses Land ist so unzugänglich, daß keine Straße dorthin führt. "Das wird wohl der Grund sein, warum dieser Indianerstamm von den Segnungen der Zivilisation verschont geblieben ist", sagt Anita. Sie drückt mir einen dreidimensionalen Bildvergrößerer in die Hand, und ich schaue in eine wundersame Landschaft. Ich schaue, und da geschieht wieder etwas mit meinem Körper. Diesmal sind es aber nicht Ekel und Grauen, sondern Freude und sehnsüchtiges Heimweh, die meinen Körper, meine Poren aufschwellen lassen. Ich weine. Und für die anderen unbegreiflich, sage ich: "Diese Landschaft kenn' ich. Da war ich schon. Ach, ist das schön! Ich will nach Hause." Anita und Edi, der auch noch da war, verstehen nicht. Ich selbst verstehe ja nicht, was vor sich geht. Ich bin nur gewiß: dies ist meine Heimat. (Anmerkung: Ich war noch nie in diesem Leben in Amerika.)

Anita und Edi machen sich über mich lustig: Die abgebildeten indianischen Frauen und ich hätten tatsächlich ein ähnliches Gesicht. Und dann erzählt Anita. Sie erzählt, daß Neugeborene, egal ob männlich oder weiblich, die Falten um die Augen haben, für das Schamanenamt auserwählt würden und eine sorgfältige Erziehung erhielten, die sie auf die spätere Priesterfunktion vorbereiten solle. Sie würden als von den Göttern Vorgesehene gelten. In dem Augenblick fällt mir ein, daß mir meine Mutter einmal erzählte, ich hätte schon als Baby einen Faltenkranz um die

Augen gehabt. Lachend sage ich zu Anita und Edi, daß ich stolz darauf sei, von Geburt an nicht einfältig gewesen zu sein.

Nach und nach hat es dann viele Erlebnisse gegeben, die mich auf die Tatsache vorbereitet haben, daß ich eine Hexe bin. Letztlich bestätigend war für mich folgendes Erlebnis: Ich sitze im Zug von Frankfurt nach Würzburg. Es ist das erste Mal, daß ich diese Strecke fahre. In Frankfurt hatte ich eine Lesung, und wie immer dauerte diese bis weit nach Mitternacht. Ich bin müde. Es ist Vormittag. Ich bin froh, ein Abteil für mich allein zu haben. Ich bette mich bequem zurecht, und, um mich zu entspannen, atme ich mich in eine sanfte Stimmung.

Ich habe meine eigene Art zu meditieren. Meditation ist für mich nicht das Ergebnis einer Technik. Ich meditiere, wie ich es schon als Kind getan habe: Ich starre einfach Löcher in die Luft. Ich schaue ins "Narrenkastl" (Zustand der Geistesabwesenheit). Da geschieht wieder etwas mit mir. Ein leichtes Beben und Fiebern breitet sich, in der Herzgegend beginnend, über meinen Körper aus. Ich werde unruhig und bekomme Angst. Die Beklemmung erreicht meinen Hals. Und wieder ist dieses Würgegefühl und der Drang, mich zu übergeben, da. Die Angst saugt meine Sinne an und zieht. Wohin? Ich schlucke die Angst hinunter und versuche, mich mit meinem Blick irgendwo festzuhalten. Vor dem Zugfenster, rechts von mir, fließt der Main. Ich schaue hinaus, und wieder taucht das Erkennen auf: Ich kenne diesen Fluß. Nicht aus dem Geographieunterricht. Ich habe ihn gesehen!

Aus diesem Erkennen entsteht ein Spiel. Ein Orakel mit mir selber. Wenn es stimmt, was ich weiß, daß der Main jetzt eine starke Biegung nach links macht, dann war ich schon einmal hier. Es stimmt. Der Fluß hat genau an der Stelle, an der ich mich befinde, ein Knie. Ich orakele weiter: Und jetzt kommt eine Brücke. Der Zug gibt den Blick auf das nächste Teilstück des Flusses frei. Tatsächlich, da ist eine Brücke. Sie sieht zwar anders aus, als ich sie geahnt hatte, aber es ist eine Brücke.

In diesem Augenblick kommt mir wieder ein Lied in den Sinn, das ich vor dreißig Jahren das letzte Mal gehört habe, seitdem war es verschollen.

> Es führt über den Main
> eine Brücke von Stein,
> wer darüber will gehn,
> muß im Tanze sich drehn.

Leise singe ich dieses Lied. Mein Blick gleitet über das Wasser und die Hügelketten entlang. Gemischte Gefühle. Heimweh, Sehnsucht, ein angenehmes Wiedererkennen einer vertrauten Landschaft einerseits. Gleichzeitig aber, wie ein Schimmelpilz, der sich in ein Stück Brot einnistet, würgt mich der gleiche Ekel wie bei der Lektüre der Folterszenen.

Trotzdem setze ich das Orakelspiel fort. Wenn meine Ahnung stimmt, daß ich mindestens schon einmal gelebt habe, dann muß jetzt, an dieser Stelle links von mir, eine Burg stehen. Ich wende den Kopf nach links und sehe durch das Waggonfenster — eine Ruine, eine Burgruine. Und instinktiv mache ich das, was ich zu tun gewohnt bin, wenn sich Ausnahmezustände einstellen, die ich in dem Augenblick nicht gebrauchen kann. Ich stelle mich auf meine Hinterfüße, hole tief Luft und sage mir laut meinen Namen und alle Daten, die mir einfallen: Ich bin Gerlinde Schilcher, 45 Jahre alt, geboren am 14. April 1937 in Graz, habe drei Töchter, wohne in...

Dies zu tun, ist ganz wichtig. Ich sage das mittlerweile anderen Frauen auch. Diese Methode, mich in diese Zeit, in diesem Raum, in die gegenwärtige

Geographie einzuwurzeln, empfehle ich Frauen, die mir von ähnlichen Erfahrungen berichten und Angst haben, in eine Reinkarnationsregression zu schlittern, aus der sie unter Umständen allein nicht mehr herauskommen. Von zwei Frauen weiß ich, daß sie diesem Sog, der offensichtlich gegenwärtig für viele Frauen spürbar wird, nicht gewachsen waren. Eine von ihnen ist in einer psychiatrischen Klinik, sie gilt als schizophren. Die andere läuft zwar frei herum, ist aber von ambulant verabreichten Medikamenten kaltgestellt. Von ihr erzählte man mir, sie sei eines nachts, nur mit einem Schlüpfer bekleidet, auf die Straße gelaufen und habe laut nach ihrer Mama geschrien: "Mama, Mama, komm, hilf mir, sie holen mich ab!"

Es gibt viele, die diese meine Erlebnisse als ein Produkt meiner überhitzten Fantasie abtun. Aber ich "weis", was ich weiß. Die Erfahrung im Abteil eines Zuges zwischen Frankfurt und Würzburg ist inzwischen integrierter Bestandteil meiner Spurensicherung.

Ich weiß, daß ich eine Hexe bin. Im Club 2 des ORF (eine sechsmal im Jahr stattfindende Talkshow mit österreichischen und deutschen Gesprächsteilnehmern) zum Thema Hexen, hatte ich ein ähnliches Erlebnis. Ein Kriminalsoziologe, Leiter eines Strafrechtsmuseums, demonstriert zu Beginn der Sendung mit genüßlichem Lächeln Original-Folterwerkzuge. Die Moderatorin, Marianne Koch, eröffnet die Runde. Sie stellt mich als erste vor und fragt mich, warum ich mich Hexe nenne und warum ich wünsche, daß dies im Unterblender des Fernsehbildes erscheint. Und warum ich Häxe mit ä schreibe.

Peinlich. Ich bin unfähig zu sprechen. Ich kann keine Antwort geben. Das Grauen steckt mir im Hals und schnürt mir die Kehle zu. Ich kann meinen Blick nicht von den Folterwerkzeugen lassen. Noch gräßlicher als die neunschwänzige Katze ist mir das süffisante Lächeln im Gesicht des Kriminalsoziologen. Himmel, hilf, wie kann ich jetzt sprechen? Die Kamera ist auf mich gerichtet. Ich weiß, daß ich im Bild bin. Ja, warum nenne ich mich Häxe? Für ein paar schreckliche Sekunden schaffe ich es nicht, den Mund aufzumachen.

In der Selbsterfahrungsgruppe habe ich gelernt und geübt, in derartigen Streßsituationen nicht im geforderten Sinn zu antworten, sondern (Gefühlsebene vor der Informationsebene) vor allem und zuerst das Gefühl anzusprechen, denn Störungen haben Vorrang. Und so konnte ich später am Videogerät sehen und hören, wie ich, mit den Tränen kämpfend, mit brüchiger Stimme sage: "Es geht mir schlecht. Mir ist übel. Ich kann nicht begreifen, wie Sie solche Marterwerkzeuge so leidenschaftslos, so ohne Gefühl, ohne Regung vorzeigen können, von denen wir wissen, daß sie lebenden Menschen entsetzliche Qualen und den Tod gebracht haben." Ab-Lenkung. Ich habe den Angst-Sog abgelenkt und mich wieder einmal aus der Situation gerettet.

Ein anderes Mal, aber da war mir das Phänomen schon vertraut, erzählten mir mein Körper und meine Gefühle, was mir schon einmal geschehen ist. Ein paar Wochen zuvor, in dem besagten Strafrechtsmuseum im Schloß Scharnstein (Österreich) in einer Original-Folterkammer. Gestampfter Boden unter meinen Füßen. Eine Holzgittertür. Modergeruch. Die Reste einer Folter-Streckanlage. Halbdunkel. Und wieder dieses Zittern. Wieder diese Sogwirkung. Doch ich weiß, was ich tun muß. Schleunigst hinaus ins Freie. Einwurzeln.

Ich wachse spiralenartig von innen nach außen.

Zuerst erfühle, erleide, erfreue, erlebe ich. Dann drücke ich diese Erfahrungen aus. Ich finde Worte für Geschehenes. Gleichzeitig fällt mir ein Buch zu, das mir beim Erkennen und Benennen Schützenhilfe gibt. Meine Körper- und Seelenzustände beim Lesen der Hexenliteratur und beim Anblick der Folterwerkzeuge waren mir nicht unheimlich. Zu diesem Zeitpunkt war ich schon über die Ergebnisse der Bewußtseinsforschung informiert.

Da ich gelernt habe, in den Männerbüchern zwischen, vor, unter, über und hinter den Zeilen zu lesen, da ich alles Gelesene auf meine Erfahrung hin überprüfe und ich mir angewöhnt habe, mir auf alles meinen eigenen Reim zu machen, komme ich nicht in die Gefahr, Opfer einer psychischen Geschlechtsumwandlung zu werden. Ich bin inzwischen immun gegen die Bewußtseinsgifte, gegen die versteckt mitgelieferte Ideologie männlicher Werte. Die Bücher dienen mir, ich bediene mich der Bücher und akzeptiere nur das, was ich schon durch eigenes Erleben wahr-nehmen konnte.

Wie ein Hi-Fi-Gerät speichert unser Selbstbewußtsein vom ersten Augenblick unseres Lebens alle Erfahrungen wie eine multidimensionale Datenbank. Und unser Leben beginnt beim Feuer, wird Materie, Stein, Pflanze, Tier, es entwickelt sich der Evolutionskette entlang zum Menschen. Alles, was die sichtbare Natur ausmacht, ist auch in uns: Gerüche, Empfinden, Gefühle, Töne, Farben, Bilder, Wörter. Und alles, was die Sinne aufzunehmen vermögen, wird von unserem inneren Selbst, dem Yin-Bewußtsein, von der Seele — es gibt da viele Namen — bewahrt. Von den Ein-Drücken geht nichts verloren. Wir haben das Erleben vom Stein, von der Pflanze, vom Tier und von allen unseren Menschenleben in uns.

Endlich verstehe ich, was die Tierverwandlungen —

die Hexen sollen sich angeblich in Tiere verwandelt haben — besagen. Die Hexen haben nicht die Gestalt einer Katze, einer Schlange oder einer Eule angenommen. Sie waren aber in der Lage, katzenhaftes, schlangenhaftes oder eulenhaftes Bewußtsein zu mobilisieren und innerhalb der von ihnen gewünschten Zeit dieses ganz bestimmte Tier zu sein. Sie riefen die spezifischen Eigenschaften des Tieres, das ja in ihnen vorhanden war, ab und **waren** das Tier.

Es ist ein, auch von der männlichen Wissenschaft nachgewiesenes Faktum, daß alle unsere Erfahrungen in Licht, Bild, Ton, Geruch, Gefühl und Geschmack in uns gespeichert sind. Für die Geschichte, die ich hier erzähle, ist es außerordentlich wichtig, daß wir dieses Wissen zur Kenntnis nehmen. Vor dem Hintergrund Tod und Wiedergeburt, Kommen und Vergehen, können wir dann begreifen, was in Ausnahmesituationen, in Momenten seelischer Herausforderung, passiert. Die Er-Innerung, — das also, was in mir gespeichert ist — die Erinnerung an meine Folterungen als Hexe, wurde und wird in diesen Augenblicken abgerufen, und zwar mit allem Drum und Dran, wie es sich damals ereignet hat.

Wenn ich ein Foltergerät sehe, mit bloßen Füßen auf dem gestampften Lehmboden einer Folterkammer stehe und in die süffisant lächelnden Augen eines ehemaligen Folterknechts schaue — die Augen sind die Spiegel der Seele —, dann ist auf einmal wieder alles da. Regressionen, Trancen sind Reisen in andere Zeiten und Räume. Das sind keine Urlaubsausflüge zum Zweck der Belustigung. Da wir diese "Zustände" nicht einleiten, sondern nur geschehen lassen, muß eine tiefere Weisheit dahinterstecken als unser Ich und unser Wille.

Es scheint so zu sein, als würde der Organismus in selbstregulierender Weise dafür sorgen, daß uns der

Blick, und mehr als der Blick, auf das freigegeben wird, was uns zugestoßen ist und in der Seele beschädigt hat. Und dies kann nur geschehen, wenn wir seelisch, geistig, körperlich und sozial dafür ausgerüstet sind. Ich spreche nur mehr ehrfürchtig von der Weisheit des Organismus, jener geistigen Vorsicht, die uns davor bewahrt, vor der Zeit, also bevor wir den Anblick ertragen könnten, zu Grunde zu gehen. Verdrängung hat auch eine positive Seite. Sie schützt uns vor der Hölle in uns.

Aus Gründen dieses Schutzes bin ich auch dagegen, daß wir diese "Reisen" künstlich und mutwillig einleiten. Ich bin gegen Suggestion, Hypnose und Drogen, gegen jede Art von Drogen. Diese Transportmittel sind Eingriffe in die Integrität eines Menschen. Außerdem ist nicht sichergestellt, daß eine Rückfahrkarte dabei ist.

Warum weiß ich, daß ich eine Hexe bin? Da gibt es zusätzliche Informationen zu dem, was ich er-innere, die ich in Büchern nachlesen konnte und kann. In solchen Zusatzinformationen über Hexen wird auch die Charakterologie der Hexe beschrieben. Eine davon stammt von Paracelsus (1493 - 1541). Seine Typologie der Erkennungsmerkmale der Hexe paßt in allen Punkten zu mir. 1. Mann fliehen. 2. Die kultischen Feiertage (den Jahreszeitenzyklus) sorgfältig einhalten. 3. Arbeitet an ihrem Selbst. 4. Prägt die Kinder. 5. Zeremonien gebrauchen, Rituale feiern. 6. Verbergen, alleinsein, keinen Mann "fahen" (fangen). 7. Den Künsten und damit der Magie nachfragen. 8. Sich an Zauberinnen anschließen und lernen, wozu sie der Geist treibt. 9. Keinen Mann ansehen. 10. Selten kochen. 11. Sich von den Riten der Kirche abwenden, um sich deren imaginierter magischer Wirkung zu entziehen. 12. Wohlliegen und allein sich versperren (Selbstbefriedigung).

Die von dem schweizerischen Arzt und Naturforscher aufgezählten Merkmale habe ich teilweise frei in unsere Sprache übertragen. Den Abschlußsatz zur Typologie möchte ich aber original Paracelsus wiedergeben: "das sind die hauptzeichen, die die hexen an inen haben, so sie der geist ascendens überwunden hat und wil sie zu meistern machen."

Alles, was Paracelsus über die Hexe seiner Zeit sagte und schrieb, stimmt bis ins Detail für mich und mein Leben heute:

1. Ich verweigere mich allen Patriarchen und linken Brüdern, ob sie nun grün, alternativ oder friedensbewegt sind. Ich verweigere Liebe ohne Liebe.

2. Seit der Herbst-Tag- und Nachtgleiche 1981 feiere ich mit anderen Frauen alle alten und wieder neuen matriarchalischen Feste des Jahreszeitenzyklus.

3. Seit meiner seelischen Wiedergeburt 1972 bin ich selbst-süchtig hinterher, mein seelisch-geistiges Wachstum voranzutreiben und die Qualität meiner Person zu verbessern.

4. Das Wort "Erziehung" ist aus meinem Vokabular gestrichen. Meine Kinder erfahren ihre Prägung, indem sie per Identifikation von mir und Frauen meiner Art lernen. Sie sind stolz darauf, junge Hexen zu sein.

5. Kleine und große matriarchale Rituale sind Bestandteil meines täglichen Lebens.

6. Um mich zu schützen und um zur Ruhe zu kommen, muß ich mich verbergen. Alleinsein ist für mich lebensnotwendig geworden. Wenn ich mich ver-ausgabe, muß ich mich wieder sammeln, um in Balance zu bleiben.

7. Ich habe mein Leben lang gelernt, was ich lernen wollte und habe den Künsten nachgefragt — auf meine Weise.

8. Jede Frau ist jeder Frau Guru. Wir sind Meisterinnen und Schülerinnen zugleich. Es ist keine unter uns, die nicht noch etwas zu lernen hätte, und jede Frau ist auf irgendeinem Gebiet Meisterin, sprich: natürliche Autorität. Für einen bestimmten Zeitraum, den die Frau selbst bestimmt, kann es sein, daß diese Frau an mir hängt, und ich hänge an ihr. Sie bewegt sich so lange in meiner Nähe, kommt zu Vorträgen, in die Frauengruppe, besucht mich privat, bis sie das bekommen hat, was sie haben wollte, was sie brauchte. Hat sie genug, dann geht sie wieder.

Seitdem ich in die andere Wirklichkeit durchgebrochen bin und mit unseren matriarchalischen Geistwesen Kontakt habe, versäume ich nicht, mir in allen entscheidenden Fragen Rat, Bekräftigung, Verstärkung und Hilfe zu erbitten. Ich versäume es auch nicht, mir Kritik zu holen, damit ich korrigieren kann. "Und lernen, wozu sie der Geist treibt." Seltsam, wenn ich diese Passage auf mein jetziges Leben hin überprüfe, fällt mir auf, daß ich tatsächlich getrieben werde. Den Antrieb fühle ich wie ein Ticken und Pochen, wie die Unruh einer Uhr in mir. Simone Veil sagt, Feigheit und Trägheit seien unsere Haupthindernisse. Mut habe ich genug, aber die Trägheit, sie macht mir zu schaffen.

9. Keinen Mann ansehen. Es hat eine Zeit gegeben, in der ich, wenn ich vermeintlich oder wirklich etwas Kluges sagen wollte, ehe ich weitersprach, verstohlen nach dem Mann in der Runde gelinst habe, um eine Spur von Anerkennung zu erhaschen. Ein Gedanke war erst wert für ernst genommen zu werden, wenn ein bedeutender oder auch nur sympathischer Mann sein verbales oder stilles Einverständnis dazugegeben hat. Es hat für mich eine Zeit gegeben, in der es mir wichtig war, von Männern registriert zu werden. Ich wollte von ihnen wahrgenom-

men werden. Und um festzustellen, ob sie mich auch sahen, mußte ich nach ihnen schauen. Und diese Zeit ist noch gar nicht so lange vorbei.

Jetzt ist es soweit. Heute muß ich nach keinem Mann sehen. Männer und deren Meinung interessieren mich nicht mehr. Hier halte ich kurz inne und frage mich: warum? Die Antwort ist, seitdem ich die Wirklichkeit wahrhaftiger sehen kann. Seitdem ich mir meine eigenen männlichen Anteile nicht mehr von Männern holen muß, weil ich diese inzwischen selbst ganz gut entwickelt habe und einsetze, seitdem hat die Sucht aufgehört, von Männern wahrgenommen und anerkannt zu werden, ihre Zustimmung um jeden Preis haben zu wollen. Heide Göttner-Abendroth und ich haben lange über diese Veränderung unserer Wahrnehmung der Männer und unserer Beziehung zu ihnen gesprochen. Beide sind wir uns einig, daß es gegenwärtig keinen Heros gibt, bestenfalls Männer mit heroischen Zügen. Und nach Edit Schlaffer und Cheryl Bernard müssen wir uns damit abfinden, daß es gegenwärtig keine anderen Männer gibt.

10. Selten kochen. Ich koche gerne, und es schmeckt mir auch. Da es aber Wichtigeres zu tun gibt, koche ich selten.

11. Lange Zeit dachte ich, daß uns die katholische Kirche, daß uns die Männerreligionen nichts anhaben könnten. Wenn wir nur wachsam wären und uns nicht um deren Lehren kümmerten, würden wir unangreifbar. Als Kind wurde ich in die Lehre der römisch-katholischen Religion gesteckt und wurde, wie von einer Kinderkrankheit, infiziert. Die Stadien dieser Krankheit habe ich hinter mich gebracht.

Nach der Gesundung, dachte ich, würde ich zu einer lebenslänglichen Immunität kommen. Was ich übersehen habe ist das, was Paracelsus die imaginierte magische Wirkung bezeichnet hat. I-mag-inieren heißt ein-bilden. Ohne daß wir es bewußt mitbekommen, bildet sie, die katholische oder die protestantische Lehre, sich und ihre frauenunterdrückerischen, ihre universum-entstellenden Bilder in uns ein. Nicht nur Kinder, auch unbewußt lebende Erwachsene stellen sich den Kosmos so vor, wie er ihnen vorgestellt wird.

Hier wiederhole ich mich, tue dies aber ganz bewußt, um selbst nicht zu vergessen: Es ist der Glaube, der unsere Gedanken erzeugt, und es sind die Gedanken, die unsere Wirklichkeit herstellen. Es macht also einen Unterschied für uns aus, ob wir imaginiert, ein-ge-bildet "dein Verlangen soll nach dem Manne sein und er soll dein Herr sein" radikal entfernen und anstelle des "Im Namen des Vaters und des Sohnes und des Heiligen Geistes" "Im Namen der großen Mutter, der Tochter und der alten Weisen" sagen.

Ich habe schon einmal angemerkt: Magie ist jederzeit und allerorts. Auch wenn wir eine gotische Kirche nur aus Kunstbeflissenheit aufsuchen oder aus musikalischem Interesse die Feiertagsmesse hören, die I-mag-ination, die Magie, passiert. Die Prägungen finden statt, ohne daß wir es merken. Symbole bilden Eindrücke. Unter diesen Eindrücken stehend, produzieren wir Gedanken, Gedanken erzeugen Wirklichkeit. Deshalb kämpfe ich nicht mehr gegen die Kirche, ich kehre mich von ihr ab und sorge dafür, daß sie als Verwalterin unserer Mystik und Spiritualität keine Blutzufuhr mehr bekommt, langsam austrocknet.

12. Ich befriedige mich selbst auf allen Ebenen meines Lebens. Ich befriedige mich auch sexuell.

Das Wort Hexe hat viele Deutungen und Über-

setzungen erfahren. Auf mich kann ich alle Bezeichnungen anwenden. So bin ich eine "böse Alte". Immerhin bin ich 46 Jahre alt und fuchsteufelswild, "böse" auf die todessüchtigen, kriegswütigen, unterdrückerischen Erde-Luft-Wasser-Leben-Zerstörer, die aus allen Lagern der Männer-Zivilisation kommen. Ich bin eine magische, eine mächtige, eigen-mächtige, eine vermögende Frau. Ich bin eine Magierin. Ich bein eine Häxe (Hage: gewandt, kunstgeübt), ich bin eine Häxe, abgeleitet von Hag, bin wild, ungezähmt und dem Werben des Mannes nicht zugänglich.

Hagedise, Hagazusa, Haghetisse sind andere Wörter für Hexe und heißen in der Übersetzung 'Zaunreiterin'. Der Zaun als Symbol oder tatsächliche Grenze zwischen zwei Wirklichkeiten. Doppelte Realität. Seit geraumer Zeit pendele ich regelmäßig und auch unregelmäßig zwischen der diesseitigen und der jenseitigen Wirklichkeit hin und her. Einerseits bin ich tief in der Erde verwurzelt. Ich bin auf meinem Heimatplaneten, mit dem notwendigen Realitätssinn ausgestattet. Es sage mir niemand, ich sei eine Ausgeflippte, Weltflüchtige, eine Traumtänzerin. Andererseits wird mir die Welt des Jenseitigen, das Ozeanische, Mystische, die Welt der Geister, immer vertrauter. Seit meinem Durchbruch bin ich nicht mehr Mutter-Seelen-allein. Ich stehe mit den großen Müttern, mit unseren Ahninnen, in Kontakt.

Seitdem ich weiß, daß ich eine Wiedergekommene und Wiederkommende bin, seitdem ich — an die unschuldige Unbekümmertheit meiner Kindertage anschließend — wieder Löcher in die Luft starre und mir mittels Inspiration und Zufällen Gaben vor die Füße purzeln, seitdem hat für mich eine Entwicklung eingesetzt, die ich nur mit großer Scheu erzählen kann. Nein, nicht wir nehmen den Kontakt zu den großen Müttern auf, sie nehmen Kontakt zu uns auf, wir nehmen miteinander Kontakt auf. Sehnsüchtige Einstellung erzeugt eine Art Seelengestimmtheit, die uns befähigt, Zeichen, Sprache, Farben, Töne zu empfangen und zu deuten.

Es gibt unzählige Möglichkeiten. Etliche davon habe ich ausprobiert und wende, je nach Gestimmtheit, die eine oder andere Methode an. Manchmal genügt es, auf ein Wasser zu schauen, die Krähen im Schnee zu beobachten oder die Botschaft der Träume zu entschlüsseln. Wenn ich sichergehen will, und heute will ich sichergehen, daß keine zerstörerischen Kräfte in die empfangende Bereitschaft einbrechen, dann muß ich auch Sicherheitsvorkehrungen treffen. Soll der Ausflug in die andere Realität gefahrlos sein, will ich daraus etwas mitnehmen, muß ich die Gesetze kennen und sie einhalten.

Für mich hat sich ein Gefüge herausgebildet, dessen Bestandteile sich nach und nach als zwingend notwendig ergeben haben. Ob ich nun bete, meditiere, ein Orakel befrage, ein Jahreszeitenfest feiere oder eine rituelle heilende Handlung vollziehe, ich muß mich von der äußeren Geschäftigkeit lösen. Wie ein Fotograf ein Blitzlicht zur Ausleuchtung des momentanen Geschehens aufleuchten läßt, so leuchte ich für einige Minuten mein Inneres aus und spreche über das, was ich wahrnehme. Was fühle ich? Was empfinde ich in meinem Körper? Was sind meine Gedanken? Worauf konzentrieren sich meine Erwartungen?

Wenn wir zu mehreren ein Fest feiern, ein Ritual begehen oder ein Orakel befragen, ist es wichtig, daß wir vorher unsere Beziehungen zueinander klären. Wie sind unsere Gefühle für die jeweils andere? Gibt es Spannungen zwischen uns? Hat sich zwischen zwei Frauen Mist angehäuft, muß dieser vorher ausgeräumt werden, wobei es darauf ankommt, daß jede Frau, die Mist gebaut hat, ihren Anteil übernimmt. Sich da, wo sie sich schuldig gemacht hat, ent-schuldigt.

Wir haben gelernt, der anderen Welt respektvoll zu begegnen. So ist uns die äußere Reinigung — saubere Hände, saubere Kleider — genauso wichtig wie die innere Reinigung — im katholischen Glauben die Gewissenserforschung. Ich kann diese Reinigung in Gedanken allein für mich durchführen. Ich mache dies jeden Abend, oft mehrmals am Tag. Noch besser ist es aber, wenn ich meine großen und kleinen Schwächen, die vielen Ungereimtheiten, meine Fehler und Versehrtheiten, laut ausspreche. Dies ist Selbsterfahrungsarbeit, Dienst an meinem Selbst, Dienst auch an der Freundin und Dienst an der Göttin.

Wenn wir unsere Fehler aussprechen, sind wir uns allerdings bewußt, daß Fehler keine Sünden sind und daß wir deswegen nicht schlecht sind. Wir sind ja noch nicht komplett, noch nicht fertig, noch nicht vollendet. Es geht nicht darum, ein Selbstquälerei-Spielchen zu spielen, uns selbst und die anderen Frauen in der Gruppe an den Pranger zu stellen. Der tiefe Grund ist der, daß wir, wenn wir uns reinigen, geschützt sind. Ein anderer Grund ist, daß wir uns in unserem selbstschädigenden Verhalten auf die Schliche kommen und danach korrigieren können. Unsere innere Reinigung beschränkt sich manchmal auf die Beantwortung der Fragen, 1. Was tue ich mir an?, 2. Was versäume ich? und 3. Schade ich anderen?

Manchmal ist es wichtig, den Anlaß, den Grund, die Absicht unserer Öffnung in die andere Welt anzugeben. Bei einem Heilritual ist klar, daß das Motiv die Bitte um die Gesundheit der zu heilenden Frau ist. Bei einem Jahreszeitenfest ist es der jeweilige Festinhalt, den wir aussprechen. In einer Orakelbefragung ist es die Bitte um eine Antwort auf eine bestimmte Frage oder um einen guten Rat.

Wir versäumen auch nie, das, woran wir glauben, auszusprechen. Wir versäumen nie, uns für erfüllte Wünsche, Wohltaten, Fügungen, Zu-Fälle, zu bedanken. Wir tun dies, bevor wir unsere nächsten Bitten aussprechen. Und selbstverständlich grüßen und verabschieden wir uns immer. So hat eine Begegnung mit der übersinnlichen Welt, zu welchem Zweck sie auch immer stattfindet, einen Anfang und ein Ende, Hand und Fuß.

Ich bin eine Grenzgängerin, wir sind Grenzgängerinnen. Und wie die historische Hexe auch, kommen wir nach jedem Schritt über die Grenze mit Geschenken zurück. Und wir wissen von der Gefahr, die uns droht, wenn wir nicht rechtzeitig für die Rückkehr sorgen. Deshalb nehmen wir niemals Drogen. In der Entschlüsselung der Botschaften, die mir von meiner Beraterin, meiner großen Mutter zukommen, bin ich mittlerweile geübt. Sie spricht auch in den Träumen zu mir. Sie ist in Augenblicken der Gefahr da. Sie ist auch da, wenn ich ihr meine Geschichte erzähle, und wenn ich sie etwas frage, bekomme ich Antwort. Ich kenne sie mittlerweile, auch wenn ich sie nicht sehen kann, und ihre spezifische Ausstrahlung kann ich deutlich von anderen unterscheiden.

Ich spreche hier über etwas ganz Natürliches. Wir sagen, diese Person habe eine starke Anziehungskraft, jene stoße ab. Wir fühlen uns in Anwesenheit einer Person angenehm gestärkt und positiv aufgeladen, während wir uns in der Nähe anderer Menschen unangenehm be-rührt fühlen. Nachdem wir endlich aus dem Dunst-Kreis einer unangenehmen Person gewichen sind, atmen wir auf, fühlen uns wieder befreit, denn dort fühlten wir uns niedergedrückt, abgeschlafft und ausgesogen. Manchmal sitzen wir mit den Rücken zur Tür. Jemand kommt lautlos auf uns zu, und wir fühlen die Nähe angenehm oder unangenehm.

Die Hexen sind schon wieder da

Die Hexen sind schon wieder da. Sie leben unter uns. Muß ich es beweisen? Nein. Doch ich könnte es beweisen. In der Selbsterfahrungsgruppe an Wochenenden und wenn wir viel Zeit und viel Liebe füreinander haben, kann es vorkommen, daß es Frauen gelingt, die schwarze Magie ihrer Kindheit zu durchbrechen. Sie halten dann nicht mehr die Ohren steif. Hin und wieder läßt sich eine gehen. Und viele reissen sich nicht mehr zusammen. Und wenn das Vertrauen groß genug ist und die Frau Mut hat, wenn sie entschlossen ist, gesund zu werden, dann läßt sie sich von der Angst nach dorthin mitnehmen, wo diese Angst das erste Mal entstanden ist.

Der Fachausdruck für das Zurückrutschen in frühkindliche Streßsituationen heißt Regression, Rückkehr zu den Personen und Dingen der Vergangenheit. Die angeblichen Erfinder und die Praktiker der Primär-Therapie verdienen sehr viel Geld mit einer Heilmethode, die ich einer gesundenden Frau heute als Liebesdienst erweise. Hexentherapie wäre als Name dafür angebracht. Oder wie soll ich jene Heilsituationen nennen, die praktiziert wurden, bevor Sigmund Freud und Epigonen in der Weltgeschichte erschienen sind?

Ich war viele Male die Begleiterin von Frauen, die Kontakt mit dem Entsetzen ihrer Kindheit aufgenommen haben. Was wußte ich vorher von Notzucht und Vergewaltigung? Seit Jahren aber bekomme ich mit eigenen Augen zu sehen und mit eigenen Ohren zu hören, wie es ist, wenn ein kleines Mädchen vom Vater, vom großen Bruder oder einem anderen männlichen Verwandten geschändet und vergewaltigt wird. Über die Schändlichkeiten, die kleinen Mädchen von ihren männlichen Betreuungspersonen angetan werden, werde ich an anderer Stelle berichten. Für das Thema dieses Buches ist es wichtig, über die Rückkehr von Frauen in ein früheres Leben zu erzählen.

Spurensicherung gelingt uns inzwischen mit allem, was uns zur Verfügung steht. Dabei bediene ich mich auch meines handwerklichen Könnens. Über die Arbeit mit dem Gefühl ist nicht nur ein Einstieg in Kindheitserlebnisse, sondern auch darüber hinaus möglich. Alle Leben, die wir gelebt haben, sind ja in uns vorhanden, wie auf einer Matrize, wie auf einem Film. Menschen können bis zur Geburt zurückkehren und frühkindliche Erlebnisse abrufen. Nicht als Assoziationsergebnis, wie Sigmund Freud das in der Psychoanalyse gemacht hat, die ja nur eine intellektuelle Spielerei ist, sondern mit den dazugehörigen Gefühlen, mit dem Erleben, mit dem tatsächlichen Befinden, zum Beispiel einer Neugeborenen im Augenblick der Geburt.

Veronika ist 38. Der Grund, warum sie in die Frauengruppe kommt, ist ihr Bedürfnis, geachtet und geliebt zu werden. Sie hat ihr Leben lang unter Verlust und Trennungsängsten gelitten. Von ihrer chronischen Stuhlverstopfung — bis zum Analverschluß — wußten wir zum Zeitpunkt unseres Wochenendtreffens noch nichts. Die Spielaufgabe an jenem Samstagnachmittag war die: Eine Frau nach der anderen sollte Veronika ohne Worte, nur durch Berührung, durch Gesten, durch Handlungen zeigen, was sie von ihr hält, wie sie sie sieht.

Veronika sitzt auf einem Polster mitten im Kreis von zwölf Frauen. Sie hält die Augen geschlossen, um mit den Antennen ihrer Körperempfindsamkeit und den Fühlfäden ihrer Seele besser empfangen zu können, denn immer, wenn der übermächtige Gesichtssinn ausgeschaltet ist, können die anderen Sinne in Aktion treten. Es waren schon mehrere Frauen bei Veronika. Sie wird angegriffen, be-griffen und zeigt deutlich Anzeichen von Ergriffenheit. Ich habe mir nichts zurechtgelegt. Alles, was ich in solchen Augenblicken tue, geschieht intuitiv.

Als ich langsam zu Veronika in die Mitte gehe und sie sanft auf den Boden bette, ihren Körper einrolle und ihr den Daumen in den Mund stecke, bricht sie plötzlich in lautes. Babygebrüll aus. Vor unseren Augen liegt keine 38jährige Frau mehr. Alle können es sehen und hören, das ist das Wimmern und verzweifelte, wortlose Rufen einer Neugeborenen, ein Schluchzen und Stoßen, Babygekrächz. Die Beine strampeln und die Arme fuchteln in der Luft herum. Veronika, die wir als Mittelstandsfrau kennen, von deren Herkunft wir nichts Genaues wissen, die aber eine normale, ortsübliche Schriftsprache spricht, stößt plötzlich für die meisten von uns unverständliche Dialektworte aus: "Dati, kimm her, loß mi nit allon..." (Vati, komm her, laß mich nicht allein)

Während Veronika strampelt und schreit, ist ihr Gesicht blaurot angelaufen. Ihr Kleid rutscht nach oben und wir können sehen, daß ihr Rücken vom Halswirbel bis zum Steißbein brandrot und die Haut entzündet ist. Veronikas immer gegenwärtige Angst, alleingelassen zu werden, "übrigzubleiben", hatte ihren Ursprung in der Situation ihrer ersten Lebenstage. Die Mutter war bei der Geburt gestorben, der Vater tagsüber auf dem Feld und unerreichbar. Der Ursprung von Veronikas chronischer Stuhlverstopfung lag in den ersten Tagen, Wochen und Monaten ihres Lebens, in denen sie kaum gewickelt wurde, in ihrem Kot und Urin lag, und, um die gräßlichen Schmerzen zu vermeiden, ihren Harn und Kot zurückhielt. Und das hat sich bis zu jenem Wochenende so erhalten. Als Veronika aus ihrer Trance — noch einmal: sie spielte nicht, sie war in diesem Augenblick ein Baby — zurückkommt, sind zwar ihr Rücken und ihr Gesäß noch rot und wund, ihr Gesichtsausdruck aber ist weich, locker und gelöst. Als sie wenig später von der Toilette zurückkommt, sagt sie, daß sie zum ersten Mal in ihrem Leben "mit Genuß geschissen" habe.

Heilen ist Ganz-machen, und Ganzmachen heißt, verlorengegangene Aspekte der Persönlichkeit der Vergangenheit wieder zu erinnern und zu integrieren. In einer heilenden Situation, wie der von Veronika, ist die schützende Anwesenheit der Frauen, die ihre Liebesenergie ungebrochen auf die Frau in der Mitte richten, wichtigstes Element. Ich habe viele Frauen in allen möglichen Kindheitssituationen begleitet. Aber erst, nachdem ich selbst die Grenzen meines diesseitigen Lebens nach rückwärts in die Vergangenheit und nach vorwärts in die Zukunft durchbrochen hatte, konnte ich zulassen, daß eine andere Frau ihre Reise in die Vergangenheit, über die Grenzen ihrer Geburt hinaus, ausdehnte. Ohne daß ich jemals darüber gehört oder gelesen hätte, erlebte ich, schaute ich vor zwei Jahren das erste Mal, wie eine Frau in ein Leben vor ihrem jetzigen Dasein eintauchte. Ich mußte diesen Prozeß, der vor meinen Augen ablief, nicht mehr abstoppen, weil er mir aus eigener Erfahrung bekannt war.

Inzwischen weiß ich, daß Technik und Methoden an sich wertlos sind. Heilsam kann nur eine Person sein, die das Gefühl, das Schmerzgefühl, den ablaufenden Prozeß, die dazugehörigen Gedanken und die Tatsache, wohin das alles geführt hat, aus eigenem Erleben kennt. Es gibt zwei Arten von Mitgefühl, ein theoretisch-sympathisierendes und ein praktisches. Ein guter männlicher Therapeut mag in der Lage sein, einer Frau theoretisch-sympathisierend beizustehen. Eine weibliche Begleiterin aber hat ein Mitgefühl, dessen Geschmack sie kennt. Um von mir zu sprechen, ich kann das Gefühl einer Frau mitfühlen, ich kann punktuell mit der betreffenden Frau verschmelzen. Ich weiß nicht nur darüber Bescheid, ich **kenne** diese Situation aus eigenem Erleben, denn ich habe sie erfolgreich bewältigt.

Alle Verletzungen des weiblichen Körpers, alle Schädigungen des weiblichen Bewußtseins, alle Kränkungen, die unser Geschlecht betreffen, unser Da-Sein als Frau, können nur von Frauen geheilt werden. Aber aus allen Himmelsrichtungen und Winkeln kriechen die männlichen Gurus: Schamanen, Derwische, Indianerhäuptlinge, Druiden, Castaneda-Epigonen, Yogis und Bhagwans. Sie alle erheben den Anspruch, den Menschen, vor allem aber den Frauen, das Heil zu bringen. Mir tut es in der Seele weh, wenn ich sehe, wie Sucherinnen diesen falschen Propheten wie die Ratten dem berühmten Rattenfänger nachrennen.

Kannst du dir vorstellen, daß eine mittelalterliche Hexe zu einem Geist-Heiler nach Asien reiste, um sich sagen zu lassen, wie sie zu leben hatte? Wir brauchen hier und heute keine männlichen Gurus. Jede Frau ist jeder Frau Guru. Jede Frau, die vor einer anderen einen kleinen Vorsprung hat, kann jener bei deren Ganzwerdungsprozeß behilflich sein. Alles, was dazu nötig ist, ist liebende Begleitung, ist die Fähigkeit, die Sprache des Organismus zu verstehen und die selbstregulierende Weisheit unseres Körpers wirken zu lassen.

Grundlage unserer Weisheit ist die Tradition der Hexen und deren Politik der praktizierten Ökologie! Was brauchen wir den Buddhismus? Laß sie doch in ihr seeliges Nichts taumeln, wir gehen ins Leben. Was brauchen wir Yoga-Technik, den Tanz der Derwische, Medizinmänner, wenn wir uns und unsere Er-Innerung haben und wenn wir, die wir unser Inneres ergründen, in der Beschäftigung mit Astrologie das äußere Universum und in der Bildersprache des Tarot das, was hinter dem Spiegel ist, ergründen können?

Wenn ich überhaupt ein Interesse hätte, die Tatsache, daß die Hexen wieder da sind, beweisen zu müssen, wären die vielen Hexenregressionen, die ich begleitet habe, die beste Möglichkeit. Ich weiß nicht viel aus Büchern. Hexenleben kenne ich aus eigener Erfahrung und aus dem, was mir an die hundert Frauen in Trance offenbart haben. Die Geschichte ist Lehrmeisterin der Frauen. Sie **könnte** Lehrmeisterin der Menschheit sein, wenn die andere Hälfte, die Männer, uns zuhörten und **glaubten**.

In den Regressionsprozessen, die die Frauen einleiten und bei denen ich sie begleite, kommt so vieles. Ein Beispiel: Bettina erlebt mit zunehmender Selbsterfahrung, mit zunehmendem Vertrauen zur Gruppe und mir, immer wieder die gleichen Symptome. Sie hat Platzangst. Sie getraut sich nicht, über offene Plätze zu gehen. Sie fürchtet sich davor, weil sie keine Rückendeckung hat. Eigentlich hatte sie das schon immer gewußt. Mit zunehmender Dünnhäutigkeit aber hat sich das Angstgefühl auf offenen Plätzen bei ihr verstärkt.

Eines Tages kommt Bettina: I trau mi net mehr über den Stephansplatz zgehn. Statt der Stanplatten, die da san, siach i Kopfstanpflasta, und die Häuser um mi herum san alle giebelig, und sie san bunt, und i hab des Gfühl, daß die Angst mi überwältigt, daß i afangen müßt, zu schreien.

In Trance stellte sich dann folgendes heraus: Bettina ist plötzlich umzingelt. Um sie herum stehen Männer mit spitzen Gegenständen: Speere, Mistgabeln, Heugabeln. Die Männer bilden einen Kreis um Bettina. Sie hat keinen Fluchtweg mehr. Sie weiß, daß sie auf einem freien Platz steht, keine Rückendeckung und niemand, der ihr zu Hilfe kommt. Und der Kreis um sie schließt sich immer enger: Loß mi in Ruh, loß mi gehn, i hab euch nix gtan, i tu euch nix, loß mi!
Ich frage: Was ist da?
Die Männa do, die kummen immer näher und die san im Kreis um mi.
Weißt du, warum? Was haben sie vor? Was tun sie mit dir?
I waß eh, es geht a jeder so.
Wie? Wie geht's jeder so?
Die fangen's alle ein...
Welche fangen sie ein?
Ja, alle die, die allaleben.
Wieso? Lebst du allein?
Mei Mutter is gstorben (weint).
Bettina, ich verkürze hier, ist in der Zeit, die sie schildert, 30 Jahre alt. Ihre Mutter ist vor kurzem gestorben. Sie wohnt am Dorfrand. Mutter und Tochter waren erst vor kurzem dorthingezogen. Sie gelten als Fremde, aber hauptsächlich sie, seitdem die Mutter tot ist. Eine Frau nach der anderen verschwindet. Auch Bettina kommt nicht ungeschoren davon.

Wohin die Frauen verschwinden, weiß Bettina

nicht. Sie weiß nur, daß sie plötzlich nicht mehr da sind und daß das nichts Gutes bedeutet. Bettina spricht davon, daß sie von allen Seiten gefragt wird, warum sie nicht in die Kirche geht, und daß der Pfarrer jeden Tag von der Kanzel herunterwettert, daß die Frauen nicht alleinsein dürfen, daß es nicht gut für eine Frau ist, allein zu sein, daß sie sich verheiraten muß, weil das Gottes Wille ist, daß sie einen Herrn braucht, undsoweiter.

Bettina weiß in der Regression auch, daß ihr, weil ihre Mutter gestorben ist und weil sie sich weigert, zu heiraten, geraten wird, in ein Kloster zu gehen. Aber sie will nicht. Auf meine Frage: Wieso gehst du denn nicht in die Kirche, wenn sie das von dir verlangen, sagt sie: Ja, was soll i denn durt, so a Bledsinn, was soll i denn in da Kirchn?
Wieso, die anderen gehn doch auch ...
Die san ja bled.
Was tust du, wenn die anderen in der Kirche sind?
Da lacht sie nur und sagt: Mir wissn scho, was ma tun... Sie verrät auch mir nicht ihr Geheimnis, ihr Hexengeheimnis. Sie verrät mir nicht, was sie wirklich tut. Nur in die Kirche geht sie nicht. Einmal ist der Satz gefallen: Da Hiniche (der Kaputte) am Kreuz, da interessiert mi net.

Die Frau wird von den Männern, die sie umzingeln, eingefangen. Dabei wird ihr der Arm ausgerenkt. Das merke ich, weil ihr plötzlich der Arm so herunterhängt und sie wimmert. Ich frage sie: Was ist mit dem Arm?
Na, ausgrenkt ham's man.
Bettina wird in einen Keller geworfen. Dort liegt sie auf dem Bauch. Ich frage sie: Was ist jetzt?
I waß net, sie ham mi eingsperrt.
Plötzlich fängt sie mit ihrer Hand an, am Boden zu kratzen.

Was tust du?
I grab mi aus, wast, ich grab mi aus.
Sie liegt auf einem gestampften Lehmboden und versucht, sich mit ihren Händen auszugraben. Als ich sie frage, ob denn niemand da sei, der sie rausholt, fängt sie bitterlich an zu weinen und sagt: Ja, se ham ja scho fast alle gholt, se san ja scho alle weg ...
Wer denn?
Ja, die Fraun, mit denen i zsamm war.
Und als ich sie frage: Ja, und deine Mutter? sagt sie: Mei Mutter is tot — und sie weint und weint.
Auf meine Frage: Ja, und wie lebst du denn, wo steht dein Haus, wie schaut dein Haus aus, und wovon lebst du? lacht sie nur und sagt: Ja, vom Essen.
Und was ißt du denn so?
So a blede Frag.
Sie holt sich halt, was sie braucht, Kräuter von der Wiese, Gemüse aus dem Garten. Die Hexen hatten keine Existenzsorgen. Ein bißchen bauten sie an. Auch Bettina. Auf meine Frage, ob sie Viecher habe, antwortet sie: A Gaß, a Schaf und an Esl. Und dabei lacht sie.

Bettina hat ihre Rückkehr durch ihre Platzangst eingeleitet. Sie verband ihre Angst vor dem Eingefangenwerden mit der Angst vor dem, was danach kam. Dabei ist sie noch glimpflich davongekommen. Sie wurde vor Gericht gestellt. Die Anklagepunkte waren: Alleinleben und Nicht-in-die-Kirche-gehen. Im Geschichtsunterricht haben wir gelernt, daß den Frauen im ausgehenden Mittelalter, zu Beginn der Neuzeit, nichts anderes übrigblieb, als zu heiraten oder ins Kloster zu gehen, also zwischen "Haube" und "Schleier" zu wählen. Erst durch die Hexenregressionen wurde mir bewußt, was dies für die einzelne Frau bedeutete. Mit welchen Zwangsmaßnahmen sie dazu gebracht wurde, daß sie sich vor Gericht verantworten mußte und daß sie entsetzliche Angst hatte, weil sie von Männern — angeführt von dem Mann, den sie abgelehnt hatte — schlecht behandelt, geschlagen und gedemütigt wurde.

Damit hat sich für mich aber auch plötzlich geklärt, warum Bettina aus Gründen, die keine logische Erklärung zulassen, Angst hatte, sonntags ins Waldviertel nach Hause zu fahren. Warum hatte sie Angst? Weil sie jedesmal, wenn sie mit ihren 24 Jahren nach Hause kam, von ihrer Mutter drangsaliert wurde, in die Kirche zu gehn. Aber Bettina wollte nicht. Bettina gehört zu uns. Bettina geht nicht in die Kirche. Sie konnte aber nicht lässig sagen: Du, loß mi, i geh net mehr in die Kirchn. Aus. Basta. Sie bekam Panikzustände, auch dann immer, wenn die Mutter fragte: Hast scho an Freind? Warum heiratst net?

Bettina ist in Trance an die Wurzeln ihrer Angst gegangen. Das Heilergebnis bei ihr ist, daß sie sich verlorengegangene Teile ihrer Geschichte zurückerobert hat, das Wissen darum, aber auch das Erleben darum. Bettina ist ganzer geworden und damit heiler und gesünder. Mit dem Dazugewonnenen kann sie ihr Verhalten hier und jetzt neu organisieren und neu gestalten. Bettina ist von Platzangst geheilt. Sie ist geheilt, sich ständig vor ihrer Mutter rechtfertigen zu wollen oder zu müssen. Sie kann heute sagen: Du, Mutter, kapier endlich, i geh net mehr in die Kirchn, i hab mi nämlich von da Kirchn abgmeldet, mi interessiert die katholische Religion net, und i werd a net heiratn.

Und die Mutter kann kopfstehen! Sie kann Bettina ja nichts mehr tun. Heute. Denn heute wird Bettina nicht mehr vor Gericht gestellt. Heute wird sie nicht mehr gefangengenommen. Es wird ihr nicht mehr der Arm ausgerenkt. Sie wird nicht mehr in den Keller gesperrt.

Es ist so unermeßlich wichtig, daß wir endlich begreifen, daß wir durch Gewalt und Gewaltandrohung **gezwungen** worden sind, unsere ganzheitliche Freiheit aufzugeben. Verstümmeltes Leben im Patriarchat, "zerteile und herrsche" war und ist die Praxis der Männer. Endlich begreife ich, warum heute Frauen Angst vor der Freiheit haben, denn die Angst vor Gewaltanwendung sitzt ihnen noch bewußt oder unbewußt im Nacken. Es macht mich nicht mehr wütend und verzweifelt, wenn Frauen, die Flügel haben, diese nicht benutzen. Ich akzeptiere es nicht, verstehe aber, daß viele in ihrem goldenen Käfig sitzen bleiben, obwohl die Tür schon offen ist.

Das erste Mal in der Geschichte des Patriarchats könnten Frauen in der Freiheit ihres Selbst überleben. Auch Mütter mit Kindern müßten nicht verkommen. Und doch wählen die meisten Frauen — scheinbar — die Gefängniszelle Kleinfamilie, das oft unwürdige Leben einer Domestiken, einer Mischung zwischen Haushälterin, Betthäschen und Gefühlsmannequin. Verstehst du? Einige Millionen Hexen drängen wieder in die Zeit. Bewußtseinsqualität stimmt immer mit Geschichtsqualität überein. Aber allen diesen wiedergekommenen Hexen steckt die Angst in den Knochen, in den Gliedern, im Herzen, im Hals, eine Angst, die einmal Begleitgefühl bei entsetzlicher Folter, bei grausamer Demütigung und bei bestialischem Mord war.

Der unverfälschte Geschichtsunterricht, den regredierende Frauen mir und den anderen Frauen in Trance erteilen, beinhaltet manchmal scheinbar kleine Details. Woran sind die Hexen wirklich gestorben? Wie wurden sie eingefangen? Da ist Katja. 19 Jahre alt. Sie studiert Psychologie. Sie ist eine jener Frauen, die ich sofort als Hexe erkannte. Ich spürte, daß sie eine Hexe ist. Sie wußte es noch nicht. Ich schwieg. Mittlerweile habe ich schweigen gelernt. Katja würde schon noch selbst dahinterkommen.

Sie nimmt an einem Selbsterfahrungs-Wochenende teil. Mehr aus Spaß an der Freud'. Weil's Winter ist, bullert ein Holzfeuer im Ofen. Katjas Bewegungen werden hektisch. Sie fuchtelt mit den Armen in der Luft herum und weicht immer mehr vor dem Ofen zurück. Ich kenne diese Zeichen schon und sehe, daß sie Angst hat. Ich frage Katja: Was ist los?
Der Ofen! Dieser Ofen! Das Feuer, ich halt die Hitze nicht aus.
Katja ist fünf Meter vom Ofen entfernt. Ich gehe zu ihr und frage leise: Du, da kommt was hoch, willst du mit dem, was da jetzt kommt, arbeiten?
Katja versteht. Kurz zuvor hatte sie eine andere Frau in Trance erlebt. Ja, sagt sie, ja.
Ich unterbreche die Musik und bitte Katja, jetzt ganz bei ihrer Angst zu bleiben: Laß deinen Körper tun, was er will, atme noch schneller und tiefer und fühle die Hitze noch stärker. Ich frage sie nach Farben und Bildern: Was siehst du?
Die stehn alle um mich herum und gaffen.
Katja steht mit auf dem Rücken gekreuzten Händen da und zerrt mit ihren Füßen an imaginären Fesseln. Sie beginnt zu schreien: Laßt mich raus! Ich hab niemandem was getan!
Dann schreit sie entsetzlich. Wir sitzen alle um sie herum, einige Frauen klammern sich aneinander und weinen. Ich stehe neben Katja und bete. Ihr Schreien wird immer stärker. Ein kurzer Gedanke blitzt durch meinen Kopf: Wie gut, daß wir hier allein sind und uns niemand die Polizei auf den Hals hetzt.

Mittlerweile weiß ich, daß Katja wie Phönix aus der Asche, daß ihre Seele aus ihrem verbrannten Leib aufsteigen wird. Ich gehe mit ihr. Sie nimmt mich mit. Ich fühle mich mitgenommen und sehe die gleichen Bilder wie sie. Ehrbare Frauen in langen Kleidern und weißen Hauben, Häme im Gesicht, verschreckte Kinder, Männer mit unbewegten Gesichtern, gespielter Gerechtigkeit. Ich sehe einen mittelalterlichen Dorfplatz.

Katjas verzweifeltes Schreien geht plötzlich in ein Husten über. Sie hustet und keucht und hört nicht mehr auf. Ihr Gesicht läuft blaurot an. Einen kurzen Moment denke ich, sie erstickt ja, und plötzlich schießt mir ins Hirn, natürlich, sie stirbt ja nicht am Verbrennen, sie stirbt an der Rauchgasentwicklung. Ich hätte es wissen müssen, wußte es auch, hatte es aber vergessen und sehe jetzt, wie Katja vor unseren Augen einen gräßlichen Erstickungstod stirbt.

Der Übergang vom physischen Tod ins Nachleben ist immer durch plötzliche Stille markiert. Regungslosigkeit. Das Gesicht wird glatt und weich, und wenn ich frage, was ist, höre ich fast immer: Es ist vorbei. Es geht mir gut. Je nachdem, wie unwissend oder wie aufgeklärt eine Frau in ihrer Todesstunde ist, sind die Antworten aber verschieden. Die wirkliche Hexe weiß über ihren Nachtod Bescheid. Katja zum Beispiel antwortet auf meine Frage, was mit ihr sei: Schad ist's um mich. Da unten ist mein Körper. Die Leute gehn alle heim ... Ich werde schon wiederkommen. Andere Frauen berichten nur, daß es ihnen jetzt gut ginge. Es tue ihnen nichts mehr weh. Wo sie aber sind, wissen sie nicht.

Doch zurück zu Katja. Normalerweise hole ich eine Frau nach ihrem wiederholten Tod in die gegenwärtige Wirklichkeit zurück. Das geschieht mit äusserster Sorgfalt. Für ein positives Heilergebnis ist am wichtigsten, daß die Frau während des Zurückkommens in unsere Zeit behutsam auf's Hier und Jetzt eingependelt wird. Das, was sie aus dem anderen Leben mitbringt, ist etwas, was sie schon einmal wußte, ist das Wissen um ihre Einzigartigkeit, ihre Besonderheit, ein Geschenk, eine Gabe, die es gilt, ins jetzige Leben möglichst sinnvoll zu integrieren. Am allerwichtigsten ist aber, daß Frauen lernen, ihr Verhaltensmuster auf der Basis ihres wiedergewonnenes Wissens in Richtung seelisches Wachstum zu verändern. Meist sind sie dann erst in der Lage, ihren Glauben, ihre daraus entspringenden Gedanken und dann ihr Handeln zu korrigieren. Die Heilung ist dann abgeschlossen, wenn die Frau korrigiert hat.

Katja ist eben vor unser aller Augen gestorben. Ich will abwarten und sehen, was passiert, wenn ich sie nicht sofort zurückrufe. Ich will die weitere Entwicklung ihrer Regression der Weisheit ihres Organismus überlassen. Ich warte und beobachte ihren Körper, ihren Gesichtsausdruck. Plötzlich hebt sie langsam ihre Hände, streckt ihren Körper, dehnt die Brust und atmet tief ein. Sie hat immer noch die Augen geschlossen. Ich weiß nicht, ob sie jetzt zurückkommt. Wenn nicht, wo ist sie jetzt?
Wo bist du, frage ich leise, was siehst du?
Wasser. Ich steh auf einer Klippe. Unter mir ist das Meer.
Wie schaust du aus?
Schön.
Sags mir genauer. Was hast du für eine Haarfarbe? Bist du eine Frau? Oder?
Ich bin schön. Ich bin nackt. Ich hab lange, rote Haare.

Es gibt so wenig erfreuliche, Optimismus machende Hexentrancen. Meist rutschen die Frauen über ihre Angst von einem Entsetzen zum anderen. Katja war eine Ausnahme. Für zehn Minuten hat sie uns

Frauen, die wir ergriffen in der Runde saßen, die schöne Seite eines freien Frauenlebens gezeigt. Ich frage sie: Von was lebst du?
Von Luft und Liebe.
Sie macht keinen Witz, ihre Stimme ist ernst. Ich frage noch einmal: Sag mir, was ißt du?
Was es gibt.
Was ist das? Was gibt es? — Ich werde ein bißchen ungeduldig.
Ich sage dir ja, Luft und Liebe.
Da kommt in mir eine Ahnung auf. Es muß eine Zeit gegeben haben, in der das Gegenteil von Freßsucht als Ersatzbefriedigung, wie wir sie heute haben, möglich war: Wo wohnst du?
Unwillig schüttelt sie den Kopf: Unterm Baum.
Aha, mediterran, denke ich. Dann frage ich weiter: Hast du Verwandte? Wo ist deine Mutter?
Ich bin allein.
Weißt du, wie alt du bist?
Weiß nicht.
Bist du jung?
Ja.

Katja erzählt uns alles, was wir wissen wollen. Plötzlich setzen die bekannten Zeichen ein. Ihre gelöste Haltung verändert sich, ihr Gesicht wird ängstlich, ihr Körper verkrampft sich, als ob sie auf der Lauer liegen würde. Plötzlich sieht sie aus wie ein Tier auf dem Sprung. Ich frage: Was ist jetzt?
Die kommen schon wieder.
Wer?
Die Leute aus dem Dorf.
Was wollen die von dir?
Ich weiß nicht.
Dann schreit sie plötzlich auf: Die haben ein Netz in der Hand, die wollen mich einfangen. Die fangen mich wie ein Viech.

Wieso wollen sie dich fangen?
Ja, die suchen ja alle.
Warum?
Die mögen uns nicht.
Wieso?
So genau weiß ich das nicht, vielleicht, weil ich allein bin.
Kurz darauf sagt sie: Die mögen meine roten Haare nicht.

Rote Haare. Eigenartig. Mir fällt ein, daß rote Haare ein Rassemerkmal sind. Aus Hexenberichten ist bekannt, daß rote Haare für Pfaffen ein rotes Tuch waren. Hatten nicht die Kelten rote Haare? Und waren nicht die Kelten und Germanen die letzten Stammeskulturen mit Resten matriarchaler Struktur? Die klassische Hexe hatte rote Haare. Es genügte manchmal, rote Haare zu haben, daß eine Frau brennen mußte. Kürzlich hörte ich, Haare seien der Sitz der Seele. Haare sind aber vor allem Schmuck und Schutz. Haare sind Sender und Antennen. Bezeichnenderweise wurde den Frauen als erste Verletzung ihrer Unversehrtheit der Kopf geschoren. Und Rote kamen auf keinen Fall ungeschoren davon. Katjas Körper ist verkrampft. Ihr Gesichtsausdruck lauernd. Jetzt fängt sie zu zittern an. Sie scheint unschlüssig zu sein, was sie tun soll. Ich frage: Was hast du vor?
Ich weiß nicht. Ich kann nicht vor und nicht zurück. Sie kreisen mich ein.
Plötzlich ruft sie: Nehmt doch den Pfaffen, den Ausgefressenen! Laßt mich zufrieden.
Sie wehrt sich mit Händen und Füßen gegen die für uns nicht sichtbaren Häscher. Wieder frage ich: Was ist jetzt?
Ich muß springen. Ich muß ins Wasser. Es ist alles eins. Wenn ich hinunterspringe, erstick ich, und wenn

sie mich einfangen, erstick ich auch.
Was tust du? frage ich noch einmal.
Ich springe.

Über die Art der Gefangennahme der hexischen Frauen hatte ich mir während meiner theoretischen Arbeit über Hexen nie Gedanken gemacht. Ich hatte auch nie etwas darüber gelesen. Eigentlich unlogisch, denn alle Trancen zeigen, daß die Frauen sehr genau mitbekommen haben, daß eine nach der anderen verschwindet, daß sie voneinander getrennt, daß die Frauengemeinschaften zerstückelt werden. Deshalb mußten sie sich vorsichtig verhalten. Viele von ihnen haben versteckt gelebt. Ich kann mir nicht vorstellen, daß in einer Zeit, in der es an einem Tag bis zu dreissig oder mehr Brände gegeben hat, betroffene Frauen naiv und ahnungslos zu Hause saßen und auf ihre Henker warteten.
Die Hexenregressionen zeigen, daß die bewußten und deshalb gefährdeten Frauen sich zurückgezogen haben. Sie haben im Verborgenen gelebt. Ihre Treffen fanden an unzugänglichen Stellen im Freien statt. Sabbate wurden an verschwiegenen Orten, auf einsamen Waldwiesen, auf unwegbaren Bergspitzen gefeiert. Katja sagte ja auch, sie schlafe unter einem Baum, sie halte sich hauptsächlich in der Wildnis auf und gehe kaum ins Dorf. Am Felsen war sie, um sich zu erfreuen. Sie war unvorsichtig und wäre fast mit einem Netz eingefangen worden — wie ein wildes Viech. Sie hat den Freitod gewählt und ist von der Klippe ins Meer gesprungen.
In der Nachbesprechung, als wir die Mosaiksteinchen des Geschehens, unsere Wahrnehmungen, die Sätze und Wörter, die wir uns gemerkt haben, zu einem Bild zusammenlegen, merken auch die anderen, daß wir uns nie darüber Gedanken gemacht haben,

in welcher Weise Frauen gefangen genommen wurden. Da sagt eine: Kennt ihr das Lied "Es blies ein Jäger wohl in sein Horn"? Natürlich kennen wir das. Wir haben es wohl schon an die tausend Mal gesungen. Es ist uns aber nie die Idee gekommen, welch grausige Wirklichkeit dieses harmlose Jägerlied beschreibt:

Es blies ein Jäger wohl in sein Horn
und alles, was er blies, das war verlorn.

Soll denn mein Blasen verloren sein?
Viel lieber will ich kein Jäger mehr sein.

Er zog sein Netz wohl über den Strauch,
da sprang ein schwarzbraunes Mädel heraus.

Ach, schwarzbraunes Mädel, entspring mir nicht!
Ich habe große Hunde, die holen dich.

Deine großen Hunde, die fürchte ich nicht,
sie kennen meine hohen weiten Sprünge nicht.

Deine hohen weiten Sprünge, die kennen sie wohl,
sie wissen, daß du heut noch sterben sollst.

Und sterb ich heut, bin ich morgen tot,
begräbt man mich unter Rosen rot.

Wohl unter die Rosen, wohl unter den Klee,
darunter vergeh ich nimmermeh.

Er warf ihr's Netz wohl um den Fuß,
auf daß die Jungfrau fallen muß.

Er warf ihr's Netz wohl um den Leib,
da ward sie des jungfrischen Jägers Weib.

Im Lied nimmt sie ihn schließlich zum Mann. Vielleicht ein Wunschdenken des Liedermachers? Ein Phänomen der sich selbst erfüllenden Prophezeiung? Vielleicht die einzige trostlose Alternative zum Feuertod? Hast du dir jemals über den Text dieses Liedes Gedanken gemacht? Ich mußte erst das Zittern und die Todesangst, das Grauen um den Verbrennungs-Erstickungstod erleben und den Frei-Tod von Katja mitansehen, um den Dokumentarwert dieses Liedes zu begreifen.

So, wie ich bis dahin nicht realisierte, daß Hexen nicht an ihren Verbrennungen, sondern einen Erstickungstod gestorben sind, so naiv war ich, zu glauben, Frauen wären zu dumm gewesen, um sich vor den Inquisitoren und deren Büttteln zu schützen. Durch die Regressionen wurde ich immer häufiger darauf hingewiesen, daß Frauen keine Chance hatten, zu entrinnen, außer durch Flucht in die Ehe oder den Gang ins Kloster.

Jede Frau, die einmal bei einer Reinkarnationsregression dabei war, weiß, daß die Frau in Trance nicht Theater spielt. Selbst wenn sie eine Schauspielerin wäre und ihre Worte Lügen wären, wie sollte sie Körpersensationen, ein entzündeter Rücken, Zähneklappern, Zittern, in verkrampften, fast akrobatisch anmutenden Körperverrenkungen stundenlang verharren, künstlich hervorrufen? Der Körper spricht seine eigene Sprache, der Körper lügt nicht.

Ich habe einmal einen Vortrag über die historische Hexe gehalten. Als ich auf die einzelnen Stufen und die Steigerungen der Folterung zu sprechen kam, wurde ich auf eine Zuhörerin aufmerksam gemacht, deren Hände sich plötzlich blaurot verfärbten und in der Höhe ihres Gesichtes in einer Starre verharrten. Von Abbildungen wissen wir, daß viele Frauen zuerst an ihren Händen festgemacht wurden. Ob es nun Fesseln waren, ob die Hände am Pranger, vorne oder auf dem Rücken angebunden wurden, immer wurden zuallererst die Hände gebunden und die Frau damit handlungsunfähig gemacht. "Gebundene Hände".

Diese Frau, so stellte sich später heraus, hatte wie die meisten unter uns mit Ausnahme der Knusperhexe niemals zuvor Genaues über Hexen gehört. Allein der Vortrag genügte, sie in eine Regression — Einstieg gebundene Hände — zu transportieren. Vor allen Teilnehmerinnen, vielleicht waren es fünfzig oder sechzig, zeigte diese Frau alle Anzeichen einer typischen Hexentrance. Geistesabwesenheit, Körpersensationen.

Ich unterbrach meinen Vortrag und kauerte mich zu ihr. Vor aller Augen, für die meisten unbegreiflich, gab sich die Frau den Körperprozessen hin. Ich verfolgte eine Zeitlang ihr angstvolles Zittern und Keuchen. Da ich niemals mit einer Frau arbeite, die mir nicht ausdrücklich die Erlaubnis dazu gibt, frage ich: Hör mal, da passiert etwas mit dir. Du zitterst. Du hast Angst. Das hängt offensichtlich mit dem, was ich über Hexen erzählt habe, zusammen. Willst du dem nachgehen? Willst du damit arbeiten?

Ich weiß nicht genau, was in der Frau vorging, sie war schon fast über die Schwelle in einen anderen Bewußtseinszustand und wußte nicht, was ihr geschah. Da sie aber zu große Angst vor dem hatte, was ihr passieren könnte, wenn sie dem nachgäbe, und andererseits zuvor gehört hatte, daß Regressionen heilsam sind, konnte sie weder vor noch zurück. Für die nahesitzenden Frauen wurde klar, daß die heftig atmende Frau mit den starren verfärbten Fingern in einem Ausnahmezustand war.

Einige verließen fluchtartig den Frauenbuchladen.

Andere, von denen ich annehme, daß sie zumindest eine Ahnung von solchen Vorgängen haben, blieben. Es dauerte eine Weile, bis die Frau wieder voll zu sich kam. Ich mußte große Mühe aufwenden, sie sauber wieder in die Realität des Frühjahrs 1982 einer kleinen Stadt in Westdeutschland einzuwurzeln. Wie heißt du? Was arbeitest du? Wie alt bist du? Beschreibe mir genau, wo du jetzt bist. Schau mich an. Wer bin ich? Wen kennst du noch in diesem Raum? Nenne alle Namen, die du kennst. Und andere Fragen mehr. Erst, als sie mir die richtigen Angaben machen konnte, und das dauerte lange, erst, als ich sicher war, daß sie wieder heil in dieser Wirklichkeit angekommen war, konnte ich von ihr lassen.

Es wurde eine lange Nacht. Denn danach fühlte ich mich verpflichtet, die fassungslosen Zuschauerinnen über das, was passiert war, aufzuklären.

Die Hexen kommen wieder. Die Hexen sind schon wieder da. Sie leben mitten unter uns. Einige Frauen wissen noch nicht, daß sie eine sind. Sie sind noch nicht in ihrem Selbst zu Hause. Einige ahnen, auf welchem Grauen, auf welchen entsetzlichen Erfahrungen ihre heutigen Ängste beruhen. Viele Hexenfrauen nehmen Kontakt miteinander auf, und ohne daß wir es auszusprechen vermögen, die Scheu ist manchmal noch so groß, erkennen wir einander. Manchmal scheint mir, als ob der Satz vom himmlischen Ratschluß und den göttlichen Fügungen sich auf eine untrügliche Weise bewahrheitet. Es gibt so etwas wie eine Zusammenführung.

Vor kurzem habe ich einer Frau einen Brief geschrieben: Ich bin eine Spinne am Rande eines riesigen Spinnennetzes, das über den ganzen deutschsprachigen Raum gespannt ist. Seit ich mehrmals im Jahr in der Angelegenheit von "Ich bin ich" unterwegs bin, weiß ich, daß an allen Ecken und Enden, von Wien bis Hamburg, von Berlin bis Bern, überall versteckt, Hexenfrauen sitzen und an diesem unsichtbaren Spinnennetz arbeiten. Die Frauen mit feministischem Bewußtsein, die wiedergekommenen Hexen und die Hexen der Neuzeit, deren aller Politik die gelebte Ökologie ist, verbinden und verbünden sich wieder. In meinem Kalender stehen ein paar hundert Namen und Adressen von Hexenfrauen, die ihrerseits wieder mit etlichen hundert anderen Hexenfrauen in Verbindung stehen.

Die Hexen kommen wieder, heißt, daß ihr Bewußtsein, ihre Seele, uralt und zeitlos und nur ihr Körper neu ist. Die Weisheit, das intuitive Wissen, bringen sie wieder mit. Nichts ist verlorengegangen. Wir wissen wieder alles, was wir schon einmal wußten. Aber selbst in Trance verlieren diese Frauen ihre Wachsamkeit nicht. Die peinlichen Fragen, die sie früher den Inquisitoren nicht beantwortet haben, — Fragen über ihren Kult, genaue Angaben über Drogen, über die Hexensalbe, Fragen, die Pflanzenmagie betreffen —, beantworten sie auch mir heute nicht. Aber was sie, während sie in Trance sind, **denken**, das erzählen sie, wieder ins Hier und Jetzt zurückgekehrt, manchmal der Gruppe. Nach einem tiefen Erlebnis einer Trance werden viele Seiten des Tagebuchs gefüllt.

Bisher hat nur eine einzige Frau über ihre Religion gesprochen. Anna (24), ist in Trance eine 17jährige Frau, der auf dem Weg von einem Dorf ins andere aufgelauert wird, die von dem Mann, dessen Brautwerben sie zurückgewiesen hatte, ins Lagerfeuer geworfen wird. Vorsichtig frage ich sie: Sag mal, betest du? Was ist das, woran du glaubst? Wie, zu wem betest du?

Die Antwort gibt sie mir rasch und halb unwillig

und in einem Tonfall, der so klingt wie, das weiß doch jede: Na, zur Luft. Zur Erde. Zum Wasser. Und nach einem kleinen Zögern mit einem Seitenblick auf das Lagerfeuer, von dem sie weiß, daß es ihren Tod bedeutet, mit leiser Stimme: Zum Feuer.

Mein Gedanke dabei ist sofort: Die Hebammen und weisen Frauen wurden in der Heiligen Inquisition unter anderem auch deshalb zum Tode verurteilt, weil sie Neugeborene segnend auf die Erde gelegt, in die Lüfte gehoben, ins Wasser getaucht und sie zum Wärmen ans Feuer gelegt haben.

Schon bevor ich diesen Bericht gelesen und Annas "Geständnis" gehört habe, hatte ich wieder nach Hexenart zu beten begonnen. Heimlich und allein — ich habe vorerst mit niemandem darüber gesprochen — wurde Beten für mich eine ganz neue, und wie ich später erfuhr, eine ganz alte Not-Wendigkeit. Nachdem Anna mit ihrem Tagbewußtsein wieder unter uns war, verlegten wir die Nachbesprechung in den Garten des kleinen Hauses, in dem wir uns während des Selbsterfahrungswochenendes befanden.

Plötzlich zog ein Gewitter auf. Alle vier Elemente zusammen zeigten sich in geballter Kraft. Die Blitze, das Feuer am Himmel — unsere Wachstumsenergie. Der Gewittersturm, Luft — das, was wir "aus der Luft greifen", unsere Verstandeskräfte. Regen, das Wasser, das in schweren Tropfen auf unsere Haut klatscht — die Kraft unseres Gefühls. Die Erde, die uns anzieht, festhält, nährt — die Energie unserer materiellen Existenz, die Kräfte für unser Da-Sein.

Nicht nur ich, alle anwesenden Frauen begriffen hautnah, wer/was die Göttin ist und in welchen Gestalten sie sich offenbart. Wir bildeten einen Kreis. Mitten im Gewitter begannen wir, zu beten.

Wie armselig unsere Sprache doch manchmal ist. Wie kann ich dir das vermitteln? Stell dir vor, da sitzen 13 Frauen zusammen, die magische Zahl 13. Keine Spur von Absicht, daß es gerade 13 sind. Von Fingerspitzen zu Fingerspitzen fließen Energieströme durch die Körper der Frauen hindurch. Alle sind randvoll mit Feuchtigkeit. Und die ehemals hartnäckigsten, die reinen Logikerinnen, die Verstandesfrauen mit akademischer Ausbildung, sie sprechen die schönsten Gebete. Zum Beispiel solch eines:

    Ich habe Theologie studiert
    und Prüfungen abgelegt.
    Trotz eifrigen Studierens
    habe ich aber nie verstanden,
    was Gott, was das Göttliche sein soll.
    Ich war mißtrauisch gegen das,
    was ihr die Göttin nennt,
    und jetzt spüre ich
    Wind und Wasser auf meiner Haut,
    ich spüre die Kraft der Erde unter mir,
    sehe das Feuer und begreife endlich,
    wenn ihr sagt, wir sind die Göttin
    und die Göttin ist in uns.
    Ich selbst bin zusammengesetzt
    aus den gleichen Elementen,
    mein Körper ist Erde,
    ist Diana,
    mein Verstand ist Luft,
    ist Hera
    die Gefühle meiner Seele sind Wasser,
    sind Tiamet,
    und meine Wachstumsimpulse,
    mein Antrieb sind Feuer,
    sind Lucia.
    Alles, was lebt,
    ist aus denselben Elementen zusammengesetzt.
    Ich hänge mit allem zusammen,

> was lebt.
> Was ich mit dem Verstand nie verstanden habe,
> begreife ich jetzt in diesem Augenblick
> mit allen meinen Sinnen.

Während die Beterin dies halblaut, den Gedanken nachhörend, ausspricht, hebt sie die Hände in den Wind und läßt die Regentropfen mit Bedacht die Arme und den Körper entlangrinnen. Dann legt sie sich auf die Erde, um zu weinen.

Jede anwesende Frau spricht dann der Reihe nach ihr Gebet. Jeder wird auf eine andere Weise klar, in welcher Weise sie in der göttlichen Natur und die göttliche Natur in ihr enthalten ist. Eine sagt dann spontan: ich bin eine Göttin und ich bin in der Lage, wieder eine potentielle Göttin zu gebären.

Ich bin sehr empfindlich gegen Sentimentalität. Alles, was mit Parapsychologie, mit Okkultismus und Sekten zu tun hat, ist mir in tiefster Seele zuwider. Während der aus dem Augenblick geborenen heiligen-heilenden Handlung jedoch ist keine Spur von Falschheit vorhanden. Religion heißt übersetzt: Rückbindung. Rück-Bindung. Wissen wir eigentlich alle von der Tragweite falscher Bindungen?

Für eine halbe Stunde, für die Dauer eines Gewitters, haben wir uns an die Göttin in ihren vier Urgestalten rückgebunden. Wir bekamen einen Geschmack, was matriarchale Religion einmal bedeutet hat und was sie wieder für uns bedeuten könnte.

Eine Frau drückte ihr altes und wieder neues Glaubensbekenntnis so aus:

> Es ist wahr,
> so einfach ist es.
> Ich bin Wasser,
> meine Tränen,
> meine fruchtbare Feuchtigkeit,
> alle fließenden Gefühle in mir,

Freude, Schmerz, Jubel, Trauer.
Es ist wahr,
ich bin Erde,
es ist mein Körper und alles,
was ich hier auf der Erde
mit meinem Körper zu erledigen habe.
Es ist wahr,
ich bin Feuer,
mein männliches Prinzip,
das Tun, das Handeln, das Nach-außen-gehen,
der Trieb, fortzuschreiten
zu immer größerer Vollkommenheit.
Es ist wahr,
ich bin auch Luft,
ich atme ein und aus,
und wie die Luft
in mich einzieht und wieder austritt,
vermag mein Verstand,
mein Logos,
Gedanken und Worte daraus zu formen,
Worte sind Schall und Rauch.

Vermächtnis, Macht, Magie

Sergius Golowin schreibt in seinem Buch "Weise Frauen": Hinter allen "theologischen Begründungen erkennen wir noch heute die Auffassung, daß die Hexen Vertreter einer nachwirkenden Ur-Kultur waren, deren Reste man beseitigen mußte, um das Volk für eine andere Art von Zivilisation zu gewinnen. — Man mordete die Kräuterweiber und Kräutermänner, weil man vor ihnen Angst hatte und gleichzeitig wohl auch an Minderwertigkeitsgefühlen und schlechtem Gewissen litt. — Sie waren vor allen Obrigkeiten "von Gottes Gnaden" gewesen: man fürchtete ihr Wiederkommen."

Nun sind wir wieder da. Vor einem Jahr habe ich mit Golowin öffentlich über das Thema "Weise Frauen" diskutiert. Um mich von Golowin abzugrenzen, begann ich die Diskussion mit dem Satz: Wenn ich sage, ich bin eine Hexe, dann unterscheide ich mich von jenen Heerscharen von Männern, und du bist einer von denen, die **über** Hexen schreiben und ihnen nachforschen. Der große Unterschied zwischen dir und mir ist: Du bist ein gründlicher und anständiger Archivar und gibst Zweithand-Informationen weiter, während ich, die ich eine Hexe **bin**, von mir spreche. Ich bin also Subjekt und Objekt zugleich, bin gleichzeitig Auskunftgeberin und der Betrachtungsgegenstand.

Golowin ist einer, der "guten Willens" ist. Daher sagte ich ihm noch etwas und wiederhole dies hier: Du bist ein gründlicher Kenner von Tarot und hast das brauchbarste Tarotbuch geschrieben. Schau dir die Sechserkarte genau an. Ich rate dir und allen Männern auf der ganzen Welt, die Botschaft der Karte, sie heißt "Die Liebenden" oder "Der Scheideweg", zu verstehen und dich danach auszurichten.

Für die, die Tarot nicht kennen, möchte ich die Karte beschreiben: In einem Obstgartenparadies steht eine nackte Frau vor dem Baum des Lebens. Ein nackter Mann steht vor dem Baum der Erkenntnis. Die Schlange, das Symboltier für alle Naturkräfte — von der Sexualität bis hin zu den Geisteskräften — windet sich um den Baum des Lebens. Im oberen Bereich der Karte breitet ein Engelwesen segnend die Hände aus. Engelwesen sind jene, die ich unsere guten Geister nenne.

Ein guter Geist ist eine Göttin oder ein Gott, das Geschlecht ist auf dieser Stufe bedeutungslos geworden, die oder der durch viele Leben auf der Erde, die Evolutionskette entlangschreitend, die Vollkommenheit erreicht und ihre/seine Wesenheit Mensch vollendet hat. Sie oder er ist somit göttlich geworden und hat es daher nicht mehr nötig, verkörpert auf die Erde zurückzukehren. Diese Geistwesen, körperlose Bewußtseinsenergie, einzigartig, da mit allen Persönlichkeitsmerkmalen und Charakterausformungen ausgestattet, kennen wir unter vielerlei Namen.

In der einschlägigen Literatur werden sie Begleiter, Berater, schützende Wesen, Mittler, "Vermittler zwischen Mensch und Gott" genannt. Dieses Engelwesen auf der Karte "oben" über dem Menschenkinderparadies ist deshalb Absicht. Nach meiner Erfahrung haben jene beschützenden Kräfte tat-

sächlich den Überblick über alles Geschehen. Sie sind ja nicht mehr relativ, sondern absolut. Sie haben kein subjektives Interesse an der Erde und an ihren Schützlingen, den Menschen. Deshalb lassen sie sich auch nur herab, wenn wir es wünschen.

Wenn du dir die Sechserkarte jetzt genau anschaust, dann kannst du sehen, daß jenes göttliche, beratende Wesen mit der Frau im Blickkontakt ist. Die Karte zeigt deutlich, daß die Frau vor dem Baum des Lebens, bekräftigt von der Schlange, dem kosmischen Zorn, mit dem überirdischen Wesen mittels Blickkontakt ein geheimes Wissen austauscht. Der Mann auf der Karte schaut jedoch auf die Frau. Will er die Gesetze des Universums erkennen, will er den Kosmos begreifen, dann braucht er dazu die Befruchtung durch die Frau.

Bezeichnenderweise heißt die Sechserkarte auch "Die Entscheidung". Ent-Scheidung heißt, sich von jemand oder von etwas scheiden, sich von jemand oder von etwas trennen. Wovon aber muß der Mann sich trennen? Profan ausgedrückt: von seinem Männlichkeitswahn, von seiner Macho-Identität, von seinem Allmachts-Gedanken. In der Krise, crisis heißt Entscheidung, gibt es für den Mann nur einen Weg: sich selbst und damit die Erde zu erlösen, indem er das tut, was deutlich auf der Karte zu sehen ist. Sieh dir die Karte an, der Mann schaut auf die Frau, durch sie kann er teilhaben an der universellen Energie. Und die Hexe ist diejenige, die mit der transzendentalen Welt in Verbindung steht. Nur durch sie können Männer Zugang zu diesen unterstützenden Kräften, jenen guten Geistern, die nur darauf aus sind, uns beizustehen, bekommen.

Vermächtnis. Macht. Matrilineare Erbfolge. Vermögen. Geld ist Macht. Vermögen ist einerseits Geld und andererseits etwas können, etwas vermögen.

Im Französischen heißt pouvoir sowohl die Macht als auch, zeitwörtlich gebraucht, etwas vermögen. Merkst du den Unterschied zwischen männlicher und weiblicher Macht? Männer definieren und praktizieren Macht hauptwörtlich. Zeit ist Geld, Geld ist Macht, Macht ist Recht, und wer Geld hat, hat die Macht, und wer die Macht hat, hat das Sagen. Dies ist eine Macht, die auf der Ohnmacht anderer beruht. Sie ist auf Gewalt und auf latenter Gewaltandrohung aufgebaut. Das sogenannte starke Geschlecht ist ein bewaffnetes Geschlecht. Männliche Macht ist immer Macht **über** jemanden und über eine Sache.

Männer haben keine Schwierigkeit, über Macht zu sprechen. Sie betreiben Macht-Politik. Ihr Lebensziel scheint zu sein, Macht und immer mehr Macht zu bekommen. Revers, ein Salzburger Psychologe, half mir einmal auf die Sprünge, indem er bekannte, daß mangelnde Liebesfähigkeit durch Macht kompensiert werde. Ich korrigiere Herrn Revers, denn ich will den Männern ihre Liebesfähigkeit nicht absprechen. Meiner Erfahrung nach wird mangelnde **Liebeswilligkeit** durch Macht kompensiert. Die Männer sind weltweit nicht unfähig, sondern **unwillig** zur Liebe. Und weil sie nicht lieben **wollen**, weil sie aber ohne Liebe nicht ihr Selbst, keine Göttlichkeit verspüren, streben sie nach Macht, meinend, daß sie dann trotzdem etwas sein könnten.

Wenn ich auf die Eigen-Macht, auf die Macht der Mütter zu sprechen komme, wenn von der Macht der Weiblichkeit die Rede ist, dann stoße ich immer wieder auf Widerstände von seiten der Frauen. Wie sollte es auch anders sein? Unser Leben lang haben wir Macht immer nur von der männlichen Ausformung, vom Yang-Pol her, kennengelernt. Selbst die Macht der Mütter im Patriarchat war vielfach zerstörerisch und es gibt wohl kaum eine von uns, die die ökonomische Macht, die Macht der Männersprache, die politische Macht und aller anderen Männer-Mächte nicht schmerzlich am eigenen Leib erfahren hätte. Wer von uns hat denn positive Erfahrungen mit weiblicher Macht gehabt und wäre daraufhin in der Lage, die weibliche und konstruktive Seite von Macht zu sehen und zu befürworten?

Ich bin eine mächtige Frau. Was heißt das? Zunächst einmal, kein Vermögen, kein Geldvermögen zu besitzen. Ich habe kein Geld, ich bin wirtschaftlich arm. Sehr wohl aber vermag ich meine Energie, alle Kräfte, die mir zu Verfügung stehen, meine Zeit, meine Begabungen, meine Talente, alle meine Fähigkeiten für mich und für uns Frauen einzusetzen. Ich vermag etwas. Ich kann etwas bewirken.

Als mich der geliebte Mann, der letzte Mann, mit dem ich zu tun hatte, verließ, tat er dies, weil er Angst hatte, sich in mir zu verlieren. Ich schrieb in mein Tagebuch: Ich höre meinen Gedanken zu und verstehe. Wenn du, geliebter Mann, dich in mir verlierst, dann könntest du dich finden. Deine Urheimat, dein Selbst, findest du in der Verschmelzung mit meiner Urweiblichkeit, mit meinem Selbst. Wenn ich mich in dir verliere, droht mir und dir das Nichts. Du hast dich von mir getrennt, weil du Angst hattest, dich in mir zu verlieren. Du hast eine Entscheidung getroffen. Jetzt spinnst du Hirngespinste und produzierst Kopfgeburten.

Wenn Männer lieben würden und nicht nur in einem einmaligen Liebesakt, sondern im Sinne einer Anerkennung der Priorität des weiblichen Prinzips, dann könnten sie gewinnen, für sich selbst und für andere. Ist das die so oft zitierte Ur-Angst des Mannes vor der Frau, daß sie so große Angst haben, sich in ihr zu verlieren?

Machen, Macht, Vermögen, Vermächtnis, etwas vermögen, Magie, alle diese Wörter haben denselben Stamm. Am besten wußten die Hexen, was Magie bedeutet und haben dies im Fünfstern, dem Hexenzeichen, versinnbildlicht. Der Fünfstern, der Druidenfuß, das Pentagramm symbolisiert die vierdimensionale Welt und die Quint-Essenz, das fünfte Seiende, das Zusätzliche, das Göttliche, das Unvergängliche.

Einmal hatte ich einen Traum. Darin sah ich mich in einem Gefängnis. Eine kleine Zelle aus Beton, ein vergittertes Fenster, das in einen Schacht führte, schlossen mich ein. Von der ganzen Qual des Eingesperrtseins war mir am schlimmsten, daß ich nicht sehen konnte, ob es Tag oder Nacht, Frühling, Sommer, Herbst oder Winter war. Alles war eins, einerlei, eintönig. Ich war aus dem Rhythmus der Natur ausgesperrt. Ich war ohne Wissen, sah weder Sonne noch Mond und spürte den Rhythmus der Gezeiten nicht mehr. Es gab keine Anhaltspunkte mehr. In großer Not stieg in mir aus dem Traum aber eine Gewißheit auf: ich fühle, **ich bin gerettet**, denn ich habe einen weiblichen Körper, der mit dem Rhythmus der Natur mitschwingt. Alles, was draußen ist, ist auch in mir. Die Flüssigkeit in mir, meine Säfte, meine Tränen, mein Blut steigt und sinkt mit den Gezeiten des Mondes. Und obwohl ich Mond nicht sehen kann, weiß ich doch, wann Mond voll am Himmel steht. Das ist die Zeit, in der ich meinen Eisprung spüre.

Und wenn ich blute, dann weiß ich, daß Neumond ist, Zeit zur äußeren Ruhe und für Aktivitäten nach innen. Die Traumbotschaft schrieb ich mir nach dem Erwachen in mein Tagebuch: Und wenn sie mich einsperren, und wenn sie die Erde zubetonieren, ich trage die Kräfte der Natur in mir. Ich höre, sehe, rieche, fühle, empfinde ihre Gesetze und kann mich nach ihnen ausrichten. Ich war getröstet.

Der Fünfstern ist das Symbol für die alte Religion. Es ist das Symbol für weibliche Philosophie. Schließlich heißt Philosophie Weisheitsliebe. Sophia ist die Göttin der Weisheit. Darüber hinaus ist der Fünfstern das Symbol für Ganzheitlichkeit, für Ökologie, wie die Beziehung des Lebendigen zueinander und zur Umwelt heißt. In der alten Religion galt das Mutter-Recht. Die Mutter vertrat die Gesetze der Natur, die göttlichen Gesetze.

Magie ist also weibliche Macht. Magie ist das Wissen um und das Umgehen-können mit den Naturkräften. Magie ist die Macht des Glaubens, der aus dem inneren Selbst kommt. Magie ist die Macht der Gedanken, die aus diesem Glauben kommen. Magie ist die Macht der eindeutigen Wünsche.

Es ist ganz wichtig, daß wir männliche Macht und weibliche Macht unterscheiden. Männliche Macht, wie wir sie erfahren, ist Macht über jemand und etwas, ist Machtmißbrauch. Daher hat das Wort Macht für uns Frauen einen so unangenehmen Geschmack. Und doch ist Macht eines jener Wörter, das im Ursprung weiblich ist. Es ist weder gut noch böse, sondern neutral, ein Wort, das beide Pole wie die zwei Seiten einer Medaille in sich vereinigt.

Am Beispiel des Wortes Macht kann ich Gedanken- und Wortmagie erklären: "Siehe, das Wort ist Fleisch geworden und hat unter uns gewohnt." Bei einem Diskussionsabend sagte ich: Es ist wichtig, daß wir wissen, was wir denken, denn was wir denken und was wir aussprechen, wird Wirklichkeit. Wir selbst verursachen die Zustände, unter denen wir leiden.

Ein Mann konnte oder wollte mich nicht verstehen und warf mir vor, ich sei so mystisch, er könne dieses esoterische Zeug nicht ausstehen. Schließlich würde die Ökonomie das Bewußtsein bestimmen. "Erst kommt das Fressen und dann die Moral." Außerdem könne er mit Jesus-Zitaten nichts anfangen. Ach, vergiß den Jesus. Was der sagte, hat er ja selbst gelernt. Schau dich an. Das war die schwarze Magie deiner Kindheit: Halt die Ohren steif! Laß den Kopf nicht hängen! Reiß dich zusammen! Hab dich nicht so! Beherrsch dich! Laß dich nicht so gehn! So lange du die Füße unter meinen Tisch steckst, wirst du das tun, was ich dir sage! Du wirst schon noch spuren! Du bist ein Schlappschwanz!

Das Phänomen der sich selbst erfüllenden Prophezeiung hat sich an dir verwirklicht. Die Worte, die du von klein auf gehört hast, hast du geglaubt und glaubst sie noch immer. Aus diesem verinnerlichten Glauben kommen deine Gedanken und jetzt schau dich an. Du sitzt steif, mit starrer Kopfhaltung und eingezogenem Brustkorb, da. Mit deinen Händen umklammerst du deinen Oberkörper. Sicher spurst du auch auf der Spur, die dein Vater für dich gezogen hat. Die Freundin dieses Mannes zappelte schon die ganze Zeit. Dann platzte sie heraus: Stimmt, stimmt haargenau. Genau das kriegt er noch heute von seinem Vater zu hören.

Und siehe, das Wort ist Fleisch geworden, das mitten unter uns wohnt. Da sitzt du nun, du eingefleischter, steifohriger, starrköpfiger, beherrschter, folgsamer Sohn. Ich bitte dich, ungehorsam zu werden. Komm, laß dich gehn. Laß deine Ohren und alles an dir weich werden. Reiß dich nicht zusammen. Verlier den Kopf und sei von Sinnen. Ich lade dich ein, die schwarze Magie des Patriarchats, die Worte deiner Kindheit, umzukehren.

Es ist Zeit für die weiße Magie. Weibliche Magie. Diese Magie erfordert einen hohen Grad an Aufmerksamkeit, was unsere Alltagssprache angeht.

Wie schlampig und unbedacht wir doch manchmal Sätze sagen und mit diesen Sätzen immer wieder von neuem den gleichen Elendszustand herstellen. Dieses Mißgeschick passiert sogar Feministinnen. Als ich noch im ORF war, habe ich für eine Hörfunksendung zum Thema "Liebe, Triebe, Herz, Schmerz" eine bekannte und anerkannte Feministin um ihren Standpunkt gebeten. Und einige tausend Zuhörer hören einen Satz, den auch ich einige hundert Mal unbedacht ausgesprochen habe: "Die armen Hausfrauen sitzen zu Hause in der Kleinfamilien-Isolation, während die Männer hinausgehen ins Leben."

Dort, vor dem Mikrophon, schießt plötzlich der Gedanke in mein Hirn: Was, da wo die hingehen, ist Leben? Da soll Leben sein? Ist ein elender Büroraum, eine Fabrikhalle, ein Regierungsgebäude, ein Computersaal, ein Kameradschaftsbund, ein Kegelheim, eine Fußballmannschaft Leben? Wenn es noch Leben gibt, dann ist es da, wo wir und unsere Kinder sind. Und unsere Kinder sind da, wo die Mütter sind. Die einzige intakte lebendige Beziehung, die es noch zwischen Menschen gibt, ist die zwischen kleinen Kindern und ihren Müttern. Ich korrigiere vor aller Öffentlichkeit: Wir Frauen, wir Mütter zu Hause und wo immer wir mit unseren Kindern sind, wir sind das Leben. Ihr Männer in eurer ewigen Sachlichkeit, in eurer Vorliebe für Produkte machen und Produkte verkaufen, ihr in den Grabgewölben eurer Institutionen, ihr seid es, die in den Tod geht.

Lange hat man mich glauben gemacht und lange glaubte ich deshalb, Alleinsein sei Isolation. Solange ich glaubte, Einsamkeit sei das Schlimmste, solange litt ich auch darunter. Als ich Alleinsein endlich begriff als ein Mit-Mir-Sein und daß alles in mir zu finden sei, daß dies gut sei, als ich diese Gedanken dachte und dies auch sagte, betrieb ich Gegenmagie.

Jetzt sage ich nicht mehr Isolation, ich sage Alleinsein. Ich sage nicht mehr, schade, daß ich allein sein muß, sondern ich danke, daß ich allein sein darf.

Alleinsein ist jetzt nicht etwas, was mir aufgezwungen wurde, etwas, dem ich nicht entkommen kann. Es ist ein Zustand, den ich frei wähle und den ich, wenn er mir gerade nicht paßt, beenden kann. Es liegt an mir, den Telefonhörer in die Hand zu nehmen und eine Freundin anzurufen oder aus dem Haus zu gehen und liebe Menschen zu treffen.

Magie ist also nicht eine fremde, ferne, schwer erreichbare Hexenkunst und nur einigen wenigen vorbehalten. Magie findet täglich, stündlich statt. Aber Magie wird so und so betrieben, leider zum Schaden von uns Frauen, wenn wir den Worten der Patriarchen glauben. "Du bist eine Hexe", sagt Robin Morgan, "wenn du dreimal laut sagst: Ich bin eine Hexe — und das auch denkst." Sie scheint über Wortmagie Bescheid zu wissen.

Würde ich meine Kräfte lebensfeindlich kanalisieren, wäre dies schwarze Magie. Ich aber setze alles, was mir zur Verfügung steht ein, um andere Frauen anzustoßen, anzufeuern, zu bekräftigen, zu beflügeln. Ich möchte ihnen wieder zu ihrer Eigen-Macht verhelfen. Ich arbeite seit zwölf Jahren mit Frauen zusammen. Die Macht meiner Wörter, meine Beredsamkeit, mein Feuer, mein Wissen, meine Erfahrungen, meinen Mut, meinen Willen und mein Gefühl setze ich dafür ein, Frauen in ihrem Gesundungsprozeß zu begleiten. Ich leiste meinen Beitrag, daß sich Frauen wieder ihres Selbst und ihrer eigenen Kräfte bewußt werden und Verantwortung für sich und ihr Schicksal übernehmen. Wenn Frauen sich der Macht ihrer Gedanken, ihres Gefühls, ihrer fruchtbaren Körperlichkeit und ihrer Handlungsfähigkeit, wenn sie sich der Macht ihrer eigenen

Verstandeskräfte bewußt werden und wenn ich ihnen helfen kann, diese ihre Kräfte aufeinander abzustimmen wie die Saiten einer Gitarre, wenn die Frau also stimmt, in sich stimmig ist, dann ist die Zeit gekommen, in der sie wieder **bestimmen kann** und **bestimmen muß**. Dann ist sie wieder das, was sie einmal war: eine natürliche Autoriät.

Nur Personen, die in sich stimmig sind und die mit der Natur in Übereinstimmung leben, haben das Recht, zu bestimmen. Das waren in alter Zeit die Mütter und die alten Frauen, und ich setze meine Magie dafür ein, daß dies wieder so sein wird. Dies ist ein konstruktiver Einsatz, ich diene damit dem Lebens- und Liebesprinzip und nenne den Einsatz meiner Macht weiße Magie.

Es ist mir ganz wichtig, daß das Wort Magie von Hokuspokus und okkultem und spiritistischem Unfug und Unsinn, der darüber verbreitet wird, entstaubt wird. Mir ist aber auch klar, warum gerade in der Übergangsphase von einem männlichen in ein weibliches Weltalter Magie in tausend Teile zerfetzt und unkenntlich gemacht wird. Magie wird diffamiert. Sie wird vom Alltagsgeschehen abgehoben und in parapsychologische Sonderzirkel und in religionswissenschaftliche Diskutierkreise verbannt, Magie wird auf den Jahrmarkt geworfen.

Derselbe Intellektuelle, der sich dem Positivismus verschworen hat, verdammt Magie in Bausch und Bogen. Wenn er die Bildersprache seiner Frau als Mystizismus abwimmelt, folgt er dem Gesetz der sich selbst erfüllenden Prophezeiung. Er wendet Magie an, wenn er seiner Frau oder Tochter mehrmals täglich sagt: Lass das, das kannst du ja doch nicht. Überlaß das Denken mir. Er macht Frau und Tochter glauben, daß ihre weibliche Art zu denken, unwert ist ("weibliche Logik") und verhindert gleichzeitig die andere Art, nämlich die männliche Art, zu denken. So werden Haustierchen und nützliche Idioten erzeugt.

Unterdrückung ist manchmal nichts anderes als Wachstumsverhinderung. Wenn du deiner Tochter die Fähigkeit, fruchtbare Gedanken zu denken, absprichst, erreichst du, daß deine Tochter eines Tages selbst daran glaubt, sie wäre nicht fähig, eine logische Gedankenkette zu bilden. Dann hast du ein Wachstumsbedürfnis unterdrückt. Dann bist du ein Unterdrücker.

Ein anderes Beispiel: erst vor kurzem habe ich Sigmund Freud als den größten Schwarzmagier seiner Zeit durchschaut. Ich bin Mutter von drei Kindern. Die ganze Zeit meiner Mutterschaft hat mir Freuds "Entdeckung" zugesetzt. Sie läßt sich in einem einzigen Satz zusammenfassen: Die ersten Jahre sind entscheidend. Ich kenne Tausende von Müttern, mich inbegriffen, die unter dieser Botschaft, die millionenfach erneuert und wiederholt durch sämtliche Psychologie- und Pädagogikbücher der letzten Jahrzehnte geistert, wie unter einem Peitschenhieb zusammenzucken und ihr Joch — das schlechte Gewissen — weitertragen. Es ist ein bekanntes Phänomen, daß Menschen mit Schuldgefühlen leicht manipulierbar und regierbar sind. Mütter mit schlechtem Gewissen und vollgestopft mit Schuldgefühl, mit dem Gefühl, am Versagen ihrer Kinder Schuld zu tragen, haben keine Chance, sich in Freiheit zu entwickeln. Aber ist es für Mütter überhaupt menschenmöglich, "fehlerlos" zu sein und zu erziehen?

Ja, was bedeutet Freuds Satz? Er bedeutet in erster Linie, daß für die ersten, ach so entscheidenden Jahre der Kinder nur die Mütter zuständig sind und daher verantwortlich gemacht werden. Stellt euch das nur einmal vor! Wir haben es uns nicht ausgesucht, wir haben uns nicht gewünscht, die Kinder allein zu erziehen. Er, der Vater, und alle anderen auch, lassen uns mit den Kindern gerade in den ersten Jahren allein. Zusätzlich zu dieser Last trifft uns die ganze Schuld, wenn etwas nicht so in Ordnung ist. Sabine lutscht am Daumen, die Mutter ist schuld. Julia näßt nachts ein, die Mutter ist schuld. Der Knabe ist drogensüchtig, die Mutter... Bis ins hohe Lebensalter hinein wird alles Versagen eines Menschen auf die Schuld der Mutter zurückgeführt, denn in den ersten Jahren werden ja, laut Sigmund Freud, die Weichen gestellt. Und da in den ersten Jahren außer der Mutter sonst kaum jemand da ist, der sich um die kleinen Kinder mitkümmert, ist sie auf jeden Fall die Schuldige. Selbst der 40jährige Vergewaltiger wird freigesprochen: fehlende Mutterliebe.

Es vergeht kein Vortragsabend, an dem nicht garantiert eine Frau aufsteht und den lapidaren Satz sagt: "Aber die Männer sind ja auch arm. Schließlich und endlich sind es ja die Mütter, die sie erziehen. Die ersten Jahre sind entscheidend! Hätte es keinen Freud gegeben und damit nicht die schwarze Magie dieses Satzes, dann wäre ich ohne Umwege von der Wildheit und Unversehrtheit meiner Kindertage in die Freiheit und Unkorrumpierbarkeit meines beginnenden Alters weitergegangen.

Ich erinnere mich noch gut. Ich war in der dritten Volksschulklasse und konnte das Einmaleins nicht so gut wie die anderen. Die Lehrerin, die Nachbarin und auch die Fürsorgerin waren sich einig: Ach, das arme Kind. Kein Wunder, daß es so schlecht in der Schule ist, es hat ja keine Nestwärme. Fehlende Mutterliebe war schuld daran, daß ich in Mathematik eine Fünf geschrieben habe. Und mangelnde Nestwärme mußte herhalten, wenn ich meinen Füllhalter verschlampt hatte.

Für alle meine Nachlässigkeiten, Faulheiten, Ungereimtheiten und Feigheiten wurde mir ein Sündenbock angeboten. Ich mußte die Ursache nicht mehr in mir und in meinem Ungeschick und Fehlverhalten suchen. So sah ich auch keinen Grund, mich zu bessern. Es war so praktisch, meine Mutter für alles, was mir widerfuhr, verantwortlich zu machen. Wieso habe ich Sigmund Freud so lange nicht durchschaut? Als kleines Kind war ich noch ehrlich genug und wußte, daß es mir eigentlich lieber war, dreckig und zerrissen im Wald zu spielen, als mit sauberen Händen und einer Schürze über dem Kleid zu Hause Klavier zu üben.

Von allen patriarchalischen Diffamierungen, von allen Wortgewalten scheint mir die schwarze Magie, die Halbwahrheit dieser "Lehre" am gefährlichsten. Von allen verinnerlichten falschen Schuldgefühlen haben sich die meinen Kindern gegenüber am hartnäckigsten gehalten. Erst vor kurzem ist mir die Gegenmagie gelungen. Ich habe die zweite Seite, die Kehrseite der Medaille, sichtbar gemacht, Freud hat, offensichtlich, weil es ihm nützlich war, immer und immer wieder nur auf die eine, die schwarze Seite der Medaille gezeigt. Nach meiner Erfahrung ist die Aussage, die ersten Jahre seien entscheidend, nur die Hälfte der Wahrheit. Die weibliche Wahrheit lautet: In allen Stadien unseres Lebens, jederzeit, allerorts, können Menschen Entscheidungen treffen. Es ist nie zu spät, die Weichen neu zu stellen. Es gibt nichts, was uns zustößt und was von uns versäumt wird, was nicht wieder gutzumachen wäre.

Der zweite Magier, Großmann der schwarzen Magie, ist Karl Marx, der auf der Ebene der Gesellschaftstheorie mit seinen Halbwahrheiten ein ähnlich großes Unheil angerichtet hat wie Freud auf der Ebene der Tiefenpsychologie. Über das Zusammenspiel des rechten Vaters und des linken großen Bruders ließe sich viel erzählen. Beispiel: Das Sein bestimmt das Bewußtsein. Welch ein grenzenloser Pessimismus, welch eine trostlose Hoffnungslosigkeit, wie fatal für mich, die ich in der Hierarchie dieser Gesellschaft das allerletzte Glied bin. Arbeiterkind, ohne Bildung, nur ein Mädchen, Heimkind, Scheidungswaise. Wenn dies stimmte, daß mein Sein, als verwahrlostes Gossenkind aus dem untersten Milieu, die Tochter eines arbeitslosen Arbeiters und einer angeblichen Hure, wenn dies stimmte, was Karl Marx das erste Mal und nach ihm viele andere Gesellschaftstheoretiker in allen möglichen Varianten verbreiteten, wenn dies stimmte, dann wäre ich heute hinter Gittern, entweder im Gefängnis oder im Irrenhaus.

Nach der Umkehrung der Medaille sehe ich, daß ich auch diese männliche Halbwahrheit, das Sein bestimmt das Bewußtsein, durch meine tausendfach erfahrende neue weibliche Wahrheit ergänzen muß. Weiße Magie ist für mich jetzt, daran zu glauben, zu denken und danach zu verfahren: **Das Bewußtsein bestimmt das Sein.** Es ist wachstumsfeindlich und daher unterdrückerisch, Menschen die Verantwortung für ihr Leben aus der Hand zu nehmen und ein imaginäres System, die Gesellschaft, eine Wirtschaftsform, den Zeitgeist, eine Regierung, Entwicklungsströme, den Kapitalismus oder den Kommunismus für ihr Leben und daher für mein Leben, für mein Bewußtsein und für meine Entscheidungen verantwortlich zu machen.

Jahrelang war ich gebannt von dieser Magie, gebannt von diesem einen Satz: "Das Sein bestimmt das Bewußtsein." Ich sah keine Möglichkeit, mein Minderwertigkeitsgefühl — ich bin als Heimkind ein Nichts und Niemand, ich bin aus der Gosse, mit mir ist nichts los, ich habe weder eine Familie noch Matura (Abitur) — zu durchbrechen. Aus diesem Glauben meiner sozialen Minderwertigkeit entstanden meine Gedanken und mit diesen Gedanken stellte ich mir immer wieder selbst meine schlechte Lage her.

Frauen, mit unserem Bewußtsein bestimmen wir unser Sein. Von einem bestimmten Alter an, in der Mitte des Lebens, so um die 35 herum, haben wir alle die Chance, uns selbst wahrzunehmen und zu erfahren, wer wir sind. Wir können unser Selbst-Bewußsein erweitern, vertiefen, erhöhen, und dazu brauchen wir keine Bildung im partriarchalischen Sinn. Wenn wir unsere Augen, Ohren, Nasen und inneren Sinne gebrauchen lernen, wenn wir statt his master's voice unserer inneren Stimme glauben, werden wir unserer Selbst bewußt, selbst-bewußt, selbstbewußt.

Heute gibt es Möglichkeiten genug, zu erfahren und auszuprobieren, wer wir sind und was wir wollen. Wenn ich weiß, wer ich bin, dann weiß ich, was ich will, wenn ich weiß, was ich will, dann weiß ich, was ich zu tun habe. Mein Selbst-Bewußtsein bestimmt mein Sein. Ade Karl Marx.

Wes Geistes Kind bist du?

Wes Geistes Kind bist du? Was glaubst du, woher diese Redensart kommt? Was glaubst du, was sie bedeutet? Hat sich eine von uns jemals Gedanken darüber gemacht? Meine Antwort auf diese Frage ist: Ich bin das Kind meiner Mutter, deren Namen ich weiß, deren Persönlichkeit ich kenne und deren Ausstrahlung ich von hundert anderen Ausstrahlungen unterscheiden kann.

Wenn Tod und Wiedergeburt und der Kreislauf des ewigen Lebens nicht ein leerer Glaubensinhalt, ein Symbol oder eine abstrakte Lehrformel sein soll, sondern eine Tatsache, eine Wirklichkeit, dann ist die große Mutter auch keine mythologische Figur (eine Sagengestalt) einer untergegangenen Epoche, sondern eine Gegebenheit. Ich bin keine Theoretikerin. Mein Wachstum erfolgt von innen nach außen. Ich gebe keine Gedankenspekulationen wieder. Ich bin ja keine Streberin, ich bin eine Geschichtenerzählerin, und ich erzähle meine Geschichte, und Geschichte ist Geschehenes. Es ist geschehen, daß ich jener Frau, die mich mehrere Male geboren und als Mutter großgezogen hat, begegnet bin. Sie hat ihre Wesenheit Mensch vollendet. Deshalb muß sie auch nicht mehr auf die Erde kommen. Es ist müßig zu fragen, wo sie ist. Sie ist an keinem Ort, wie wir ihn verstehen. Sie ist in einem Zustand. Genauer: sie ist nirgendwo und überall.

Ich glaube nicht blind. Ich sehe. Und wenn ich von dem ausgehe, was ich weiß, was ich "sehe", dann sind alle Frauen aus den Frauenkulturen, alle großen Mütter, alle weisen Frauen, alle Göttinnen, deren Namen uns noch heute und schon wieder bekannt sind, deren Geschichten wir in der matriarchalen Mythologie nachlesen können, nach wie vor am Leben. Nur körperlos. Die Frauenabbildungen im Museum von Heraklion, die großartigen altgriechischen und altägyptischen Frauengestalten im Louvre in Paris, die vielen, vielen Göttinnen-Figuren und -Skulpturen hatten reale Vorbilder. Alle diese Frauen gab es wirklich und es gibt sie jetzt immer noch, nur körperlos, als Bewußtseinsenergie. Alle, die wir jetzt auf der Erde leben, haben eine Mutter. Wir alle sind von Müttern geboren. Ohne daß wir heute davon wissen, wurden wir in mehreren Leben von ein und derselben Mutter zur Welt gebracht, betreut, geleitet, belehrt.

Die Mütter vergangener Epochen waren bekannt für ihre Macht. Diese weibliche Ausformung von Macht habe ich beschrieben. Eines der Kennzeichen der Matriarchate, das von Matriarchatsforscherinnen und -forschern als Hauptmerktmal angeführt wird, ist die matrilineare Erbfolge. Nun ist bekannt, daß es in weiblichen Stammeskulturen kein Privatvermögen gab. Was also sollte in einem Ur-Kommunismus, wo Hab und Gut Gemeinschaftsbesitz war, von der Mutter auf die Tochter vererbt werden? Was also haben die Töchter geerbt, wenn sie das Vermächtnis ihrer Mütter antraten?

Ich habe erfahren, daß meine Mutter mir in vielen Leben ihre Talente, ihre Fähigkeiten, ihre Begabungen, ihr Können, ihr **Vermögen** vermacht hat. Das Erbe, das ich angetreten habe, ist immateriell. Die

Macht meiner Mutter ist auf mich übergegangen. Und sie hat, auch wenn sie keinen Körper mehr hat, nicht aufgehört, mich an ihrer Macht teilhaben zu lassen, mich mir ihrer Energie zu nähren. Ich habe im Lexikon nachgeschaut: Mama heißt Brust. Eine leibliche Mama nährt uns mit ihrer Brust, gibt uns materielle Nahrung.

Meine Schutz-Mama, meine große Mutter, hat größtes Interesse daran, daß ich an Leib und Seele gesund bleibe, daß ich gut (gütig, von Qualität), weise und heil (ganz, heilig) werde. Dazu gibt sie mir jede Unterstützung, um die ich sie bitte, aber tun, was mich verbessert, muß ich alles selbst.

Wenn ich jetzt konsequent Ich sage, dann aus dem konkreten Wunsch heraus, allein die Verantwortung für das Gesagte zu übernehmen. Auch wenn ich Ich sage, mußt du Wir hören. Ich übernehme aber die Verantwortung und habe Herzklopfen dabei. Mittlerweile sind es viele Frauen, für die die große Mutter kein archetypisches Relikt, kein Museumsstück aus einer untergegangenen Epoche mehr ist. Viele Frauen kennen ihre Mütter und haben, von ihnen angeleitet, zu beten begonnen. Ich habe mich lange dagegen gewehrt, dieses Gespräch mit der Mutter Gebet zu nennen. Von allen belasteten Wörtern aus meiner römisch-katholischen Vergangenheit ist mir das Wort Beten und alles, was damit zusammenhängt, am widerlichsten. Wohl tausend und noch mehr Mal habe ich den Satz runtergeleiert "Siehe, ich bin die Magd des Herrn, mir geschehe nach deinem Willen", habe damit schwarze Magie betrieben und mir unermeßlichen Schaden zugefügt.

Beten heißt für mich heute, mit den guten Geistern, mit unseren Müttern, mit meiner Mama zu sprechen. Dabei gehe ich so vor, als ob ich ihr leibhaftig begegnen würde. Ich begrüße sie, spreche sie mit Namen an und erzähle ihr, wie ich mich fühle, was ich denke, was meine Sorgen und Probleme sind, wo ich gerade stecke. Ich bedanke mich für ihre Hilfe. Ich bekenne ihr, was ich mir schon wieder angetan, was ich versäumt habe. Ich sage ihr, was mir fehlt (die Hexen, die Ärztinnen des Volkes, pflegten ihre Patientinnen zu fragen: Was fehlt dir?). Am Schluß endlich bitte ich meine Mama, mich in meinem Vorhaben zu bekräftigen und mich in ganz bestimmten Situationen zu beschützen und zu begleiten.

Während ich so mit ihr spreche, kann ich sie spüren. Ich, die ich mein Leben lang nie gebetet habe, versäume nicht, diesen ständigen Informationsfluß aufrechtzuerhalten. Manchmal spreche ich lange mit ihr, und solch ein Gespräch hat für mich auch die Bedeutung eines Bewußtwerdungsvorganges. Bekanntlich formulieren sich die Gedanken beim Sprechen. Ich weiß, daß sie, die sie ja noch andere Schützlinge hat, auch Informationen von mir braucht.

Gebete sind keine Betteleien, keine Verehrungen, keine Lobhudeleien und Lobpreisungen, wie ich sie in der Männerreligion gelernt habe. Das hat die große Mutter nicht nötig. Sie ist nicht darauf angewiesen, daß sie gepriesen und in den Himmel gehoben wird, denn sie ist ja schon dort (sie selbst mag das Wort Himmel nicht, passender findet sie Universum).

Der Kontakt zur großen Mutter läßt sich mit einer Begegnung mit einer hervorragenden Frau hier und jetzt vergleichen. Mir ist offene und ehrliche Kommunikation in Fleisch und Blut übergegangen. Ich, die ich von allen, die mir begegnen, den Respekt verlange, der mir gebührt, weil ich mich sonst verweigernd zurückziehe, bin gern bereit, anderen Personen diesen Respekt, die ihnen gebührende Anerkennung zu geben. Und unseren großen Müttern gebührt Respekt und Anerkennung.

Ich habe erkannt, daß ein Danke, ob ich dies einer leiblichen Person oder einer nicht verkörperten Seele sage, keine Höflichkeitsfloskel ist. So, wie ich heute Kompost der Küche und meinen persönlichen Abfall der Erde zurückgebe, zum Beispiel in unserem biologischen Gartenbau, so gebe ich die Abfallprodukte meiner Reife in Gedanken, Worten und Werken an die zurück, die sie mir geschenkt hat, an die Göttin. Danke ist ein Zurückgeben von etwas, was ich nur geborgt bekommen habe, was mir nicht gehört. Daß die Ressourcen der Erde und die Ressourcen der Menschen erschöpft sind, daß die Erde und die Menschen krank sind, hängt auch damit zusammen, daß seit dem Untergang der Matriarchate und seit der Verbrennung der letzten Hexen die Menschen aufgehört haben, in der geschilderten Weise danke zu sagen. Beten ist daher neben Energieaustausch und neben der so wichtigen Bitte um Unterstützung, in erster Linie danken. Und jetzt ist es Zeit für mich, mich dafür zu bedanken, daß ich ermutigt wurde, dieses alles zu erzählen.

Als ich vor einigen Monaten im Club 2 des ORF den Religionsphilosophen, den Kriminalsoziologen und den Dominikanerpater in der Runde nach der Schuld am Massaker an Millionen von Frauen befragte, wälzten diese die Schuld immer wieder auf ein Wesen namens Zeitgeist ab. Das ist praktisch. Der Theologe sagte, der Zeitgeist sei schuld, der Soziologe, ich dürfe nicht personalisieren, das System sei schuld, und der Philosoph schwafelte von Ursachen, Wirkung und Erscheinungen. Keiner war bereit, Verantwortliche zu nennen. Alle sind schuld, niemand ist schuld, die Hexen selber sind schuld. Gibt es gar keine Schuld?
Ich ließ nicht locker. Der Dominikanerpater stotterte mit hochrotem Gesicht abstrakte Leerformeln.

Der Religionsphilosoph wimmelte mich lässig ab: Aber gnädige Frau, auf welchem Planeten leben Sie? und der Kriminalsoziologe bemühte sich, anhand eines mitgebrachten Dokuments zu beweisen, daß die Hexen allesamt Kindsmörderinnen waren, selber schuld, daß sie hingerichtet wurden. Ich hatte mir die Diskussionspartner nicht ausgewählt. Es war einer der köstlichen Zufälle, der drei Repräsentanten der tatsächlich verantwortlichen Institutionen zusammenführte.

Im Club 2 ließen sie mich nicht ausreden. Die männlichen Kommunikationsgesetze — Merkmal: teile und herrsche — sind grausam. Aber jetzt, wo mir niemand reinreden kann, habe ich Gelegenheit, das, woran ich in der Sendung gehindert wurde, zu sagen: Meine Herren, das Patriarchat ist für den Mord an Millionen von Frauen verantwortlich. Aber das Patriarchat setzt sich aus einer Vielzahl von einzelnen verantwortlichen Männern, den Aktivisten, den Passivisten, den Nutznießern, zusammen.

Das Patriarchat, unser Vaterhaus, ist auf drei mächtigen Säulen gebaut. Diese Säulen, Stützpfeiler der Gesellschaft, sind die drei mächtigsten Institutionen, und diese Institutionen sind eigens für die Errichtung, Legitimierung und Sakralisierung des Patriarchats errichtet. Die Institutionen sind die Wach- und Kontrolltürme, die Bastionen männlicher Herrschaft und männlicher Gewalt.

Die drei Stützpfeiler wurden an der Wende von den Matriarchaten zum weltweiten Patriarchat errichtet. Mit dem Bau wurde vor rund fünfeinhalb tausend Jahren begonnen. Tragfähig wurden die Stützen dieser Gesellschaft vor etwa dreitausend Jahren, damals nämlich, als die römischen Kolonialherren das Mutterrecht abschafften und dafür das Vatergesetz, das römische Recht einführten. Unsere heutige

Jurisprudenz, unsere aktuelle Rechtsprechung, baut auf der Grundlage des römischen Rechts auf. Was dies für die Rechte der Frauen, die Rechte der Kinder, was dies für Familie, für Ehe, für Scheidung, für das Recht auf die eigene Fruchtbarkeit und anderes bedeutet, ist bekannt und mehr als genug beschrieben worden.

Ungefähr zur gleichen Zeit haben Männer die dreifaltige Göttin, die auf der ganzen Welt unter vielen Namen für ein friedliches Zusammenleben gesorgt hat, einer Geschlechtsumwandlung unterzogen. Das für die Einführung des Patriarchats auserwählte Volk, die Juden, hat Jahwe erfunden, einen männlichen Schöpfergott, aus dem die Römer später, ja wieder die Römer, den Christengott gemacht haben. Waren die römischen Kolonialherren äußere Eroberer und Besetzer der weiblichen Körper und damit ihrer Fruchtbarkeit, des Hab und Guts der Frauen und der matriarchalen Stammeskulturen, so wurden die männlichen Theologen zur inneren Besatzungsmacht. Die Jahwe-Priester haben die Seelen der Frauen, ihr inneres Selbst, ihr Bewußtsein in Besitz genommen. Welch ein ungeheurer Aufwand der männlichen Kirche! Wie groß muß das Interesse der Männer gewesen sein, die Frauen von innen her zu besetzen!

Die dritte Bastion, der dritte Stützpfeiler des Vaterhauses, wurde von den Griechen errichtet. Die griechischen Philosophen, die männlichen Welterklärer, sind die Vorläufer der heutigen Wissenschaftler. Und da sitzen jetzt die drei Personifikationen der drei Säulen vor mir: der Herr Kriminalist, der Herr Pfarrer und der Herr Philosoph. Und ich frage sie: In welcher Weise macht sich Ihre Institution, in welcher Weise machen Sie sich immer noch und schon wieder an der Vernichtung der Frauenkultur und bewußter Weiblichkeit schuldig?

Die drei Hauptinstitutionen bestehen weiter. Die heilige Inquisition hat ihre säkularisierte Fortsetzung in den Heerscharen der Gynäkologen, der Psychologen und der Psychotherapeuten, wie Mary Daly grandios und zutreffend in ihrem Buch "Gyn/Ökologie" ausführte. Die Philosophen haben ihre Nachfolger in allen Wissenschaftsbereichen. Und diese bemühen sich nach wie vor eifrigst, weibliche Ganzheitlichkeit zu zerstückeln, Zusammenhänge zu verschleiern und weibliche Inferiorität nachzuweisen.

Das Vaterrecht ist noch immer in voller Kraft. Nur ein kleines Beispiel: Familienbeihilfe bekommt nicht die Mutter, die ein Kind zu versorgen hat, die einkauft, einteilt, kocht. Familienbeihilfe geht ausnahmslos an den Mann, an das Familienoberhaupt. "Vater" Staat ist es ganz egal, ob der das dann versäuft oder seinen Kindern zugute kommen läßt.

Seit Beginn der neuen Frauenbewegung sägen Frauenrechtlerinnen an der Säule Römisches Recht und der Nachfolge-Jurisprudenz. Feministische Wissenschaftlerinnen haben sich in den letzten Jahren über die zweite Säule des Patriarchats, die männliche Welterklärung, hergemacht. Frauenforschung wird inzwischen weltweit betrieben. Es kracht und knistert also im Gebälk des Vaterhauses. Aber erst in den letzten Jahren wagen es Frauen, an der dritten Säule, an der Männerkirche, zu kratzen. Es ist der stärkste und hartnäckigste Stützpfeiler: der Ein-Gott-Glaube. Wie Heide Göttner-Abendroth ironisch bemerkt, ist dieser mittlerweile ohnehin zu einem abstrakten Prinzip degeneriert.

Wer hatte also Interesse am Tod der Hexen? Im Club 2 hat mir niemand eine Antwort darauf gegeben. Ich weiß sie inzwischen: Es waren die Pfaffen. Papst

Innonzenz III (1198 — 1216), der "Unschuldige", darf seine Hände wirklich nicht in Unschuld waschen. Er nämlich war es, der in seiner berühmt-berüchtigten Hexenbulle zwei kirchlichen Orden den Auftrag gab, die Hexen auszurotten. Nicht eine anonyme, namenlose Institution also mordete die Frauen. Ein kirchliches Gebäude ist nicht imstande, zu foltern. Es waren eindeutig Mann-Menschen, Männer, die gegen Frauen vorgegangen sind.

Das Merkmal von Menschsein ist die Erkenntnisfähigkeit, und Erkenntnisfähigkeit führt zur Schuldfähigkeit, und wer schuldfähig ist, macht sich unter Umständen auch schuldig. Wer seine Schuld erkennt, kann sich ent-schuldigen und damit erlöst werden. Die Angehörigen der katholischen Kirche, die Glaubensgemeinschaft der männlichen Bruderschaft, die Männer, die Befehle gegeben, Gesetze erlassen und ausgeführt haben, **haben** sich schuldig gemacht am Massaker der Frauen. Bis zum heutigen Tag hat weder die katholische Kirche offiziell die Verantwortung übernommen noch ihre Schuld eingestanden, geschweige denn, sich ent-schuldigt.

Das mag auch der Grund dafür sein, warum bis zum heutigen Tag die männlichen Kirchen alle Anstrengungen unternehmen, nach wie vor das Selbstopfer der Frau zu fordern. Auf mein Postulat, daß jede Frau verpflichtet ist, auf ihr Selbst zu kommen, hat mir einmal der geistliche Berater der katholischen Frauenbewegung geantwortet. Er sagte: "Die Selbstverwirklichung der Frau erfolgt nach wie vor durch die liebevolle Hingabe an Mann und Kind."

Ich fordere die katholische und die protestantischen Kirchen auf, für den Massenmord an Frauen Verantwortung zu übernehmen. Ich verlange, daß sich die heutigen Repräsentanten dieser Institutionen, daß sich die Amtskirche offiziell ent-schuldigt und daß die heutigen Glaubensanhänger sich persönlich da, wo sie sich schuldig gemacht haben und noch machen, bei der Frau entschuldigen und ihren Glauben und ihr daraus kommendes Verhalten korrigieren.

Vor drei Jahren hat sich die Notwendigkeit ergeben, neben der Selbsterfahrungsgruppe, in der wir hauptsächlich ohne Sprache arbeiten, als Begleitmaßnahme einen Theoriekursus zu installieren. Die Theorie filterte sich nämlich nach und nach aus dem Erfahrenen als Extrakt heraus. Feministische Theorie. Seit drei Jahren halte ich Vorträge zu Themen, die mit unseren Alltagserfahrungen, unseren täglichen Problemen und den Lösungen, die wir gefunden haben, in Beziehung stehen oder darüber Auskunft geben. Hinterher diskutieren wir. Aus diesen Diskussionsergebnissen und aus Selbsterfahrungssequenzen haben sich Kurzformeln herausgeschält. Kurzformeln sind Kürzel, ein Konzentrat dessen, was neben aller Unterschiedlichkeit als Gemeinsames, Verbindliches auftritt.

Nach den Vorträgen, du weißt ja, ich bin eine Sprecherin und keine Schreiberin, sagen Frauen manchmal: Kannst du mir ein Merkblatt mitgeben, ich hab vergessen, mitzuschreiben. Vor zwei Jahren bin ich dann auf die Idee gekommen, einen Rezeptzettel zusammenzustellen. Aus vielen Kilo Paradeisen (Tomaten) kann ich durch langes Kochen und Umrühren einen Extrakt herausholen, das Paradeismark (Tomatenmark). Die folgenden Rezepte sind also das Mark von vielen, vielen gelebten, das heißt erfreuten, erlittenen und verarbeiteten Erfahrungen. Das Mark ist eine Art Schlußfolgerung oder Handlungsauftrag, den wir uns geben, damit wir nicht immer wieder die gleichen Leiderfahrungen machen müssen. Statt "eingefleischter Sünderinnen", sind wir fest entschlossen, eingefleischte, verkörperte heilige, heile, ganze Frauen zu werden.

Ich gebe diesen Rezeptzettel nur im Vertrauen darauf Frauen in die Hand, daß diese kreativ, das heißt, sensibel, eigen und eigen-sinnig, damit umgehen. Männliche Vortragende haben sich angewöhnt, zu sagen, es gebe keine Patentrezepte. Für mich ist das nur ein Ausdruck von Standpunktlosigkeit, und ich habe eher den Eindruck, als ob sie das, was sie vertreten, nicht verantworten wollten. Sie nennen ihre feige Haltung objektiv.

Wir Frauen haben gelernt, tagtäglich mit Rezepten umzugehen. Wir schlagen ein Kochbuch auf, lesen ein Rezept und bekommen einen Geschmack von dem Gericht, wenn wir es ausprobiert haben. Schmeckt es uns und bekommt es uns, kochen wir es wieder. Vielleicht würzen wir es anders, als es im Buch steht. Möglicherweise lassen wir einen Teil der angegebenen Zutaten weg und geben andere hinzu. Wir gestalten das Rezept nach unserem Willen und Bedürfnis. Wenn wir einen Pullover stricken, bedienen wir uns eines Strickrezepts. Bevor wir uns über den ganzen Pullover hermachen, machen wir eine Strickprobe. Wir probieren das Rezept aus. Und erst danach können wir sagen, ob es uns gefällt oder nicht.

Wir bedienen uns ununterbrochen irgendwelcher Rezepte und sind intuitiv wachsam und sicher genug, zu erkennen, was unserer Entwicklung förderlich ist und was nicht. Im Vertrauen auf die Wachsamkeit und Selbstsicherheit der Leserinnen gebe ich diesen Rezeptzettel jetzt aus der Hand: Nimm, was dir schmeckt und wirf weg, was dir nicht bekommt.

— **Sei selbst-süchtig.** Sei süchtig nach deinem eigenen Selbst.

— **Liebe dich.** Dein Körper, dein Geist, dein Verstand und deine Seele sind Ausdruck deines Selbst. Schau genau hin und liebe alles, was du wahrnimmst. Es ist deine Wahrheit, und diese Wahrheit ist in dauernder Veränderung und immer wieder von neuem wahr.
— **Liebe nicht mehr als du geliebt wirst.** Liebe — ja! Aber nicht um jeden Preis. Der Preis deines Selbst ist zu hoch. Liebe ihn, aber "verkauf ihm nicht deine unsterbliche Seele".
— **"Die Wahrheit ist jedem zumutbar."** (Ingeborg Bachmann) Mit jeder Lüge und jedem Selbstbetrug treibst du dich von dir weg. Mit jeder Wahrheit gibst du dir und anderen Orientierung.
— **Sei und handle identisch.** Überprüfe ständig, ob dein Gefühl, deine Gedanken, dein Handeln übereinstimmen. Erlaube keine Entfremdung von deiner inneren Stimme, von deiner Intuition.
— **Verweigere dich.** Die Verweigerung der Opferrolle und einer entfremdeten Sexualität ist ein legitimes Mittel der Selbstverteidigung.
— **Meide "giftige" Personen.** Entziehe dich dem patriarchalischen Leichengift. Du mußt dich nicht ständig verteidigen. Deine Energie brauchst du zum Aufbau, zum konstruktiven Handeln, zur Abwehr vergeudest du sie nur.
— **Suche "fruchtbare" Personen.** Suche Menschen, die dich und deinen Wunsch nach Wachstum verstehen, nachvollziehen und **fördern**.
— **Suche die Gruppe.** Gehe in eine oder gründe eine Frauen(Männer)gruppe, um in regelmäßigen Abständen deine Identität überprüfen zu lassen und um dich im Schonklima von Gleichgesinnten zu stärken, zu entwickeln, zu wachsen, um immer gesünder, schöner, stärker und "göttlicher" zu werden. Alles, was du zu deiner Vollendung brauchst, hast du, wenn auch verborgen, in dir.

— **Entziehe dich.** Entziehe dich dem Sog des bequemen Lebens. Mache eine ehrliche Bedürfnisanalyse: was brauche ich zum Über-Leben, Leben, Er-Leben. Was brauche ich wirklich und was nicht? Von wem kann ich das bekommen, was ich brauche? Frage dich: "Brauche ich ihn wirklich?"
— **Trenne dich.** Trenn dich von ihm, wenn er sich nicht ändern will. An einer gescheiterten Ehe/Beziehung ist immer derjenige schuld, der sein Wachstum verweigert. Leidtragend in einer Familie der Wachstumsverweigerung sind immer die Kinder.
— **Sei nicht feige und auch nicht träge.** Feigheit und Trägheit sind nach Simone Veil große Hindernisse bei der Selbstverwirklichung. Ball deine Fäuste und spür deinen gerechten Zorn, der ein "heiliger" (heilsamer) Zorn ist, wenn du ihn gegen lebensfeindliche Eigenschaften und Verhaltensweisen von Personen deiner Umgebung richtest."Mach kaputt, was dich kaputtmacht." Es ist besser, eine Laserstrahl-Aggression gegen unterdrückerisches, chauvinistisches, ausbeuterisches Verhalten zu richten, als dich oder/und deine Kinder kaputt machen zu lassen.
— **Habe manchmal Angst.** Der Wegweiser für richtiges und mutiges Verhalten ist die **Angst**. Nimm das Risiko einer kleinen Angst auf dich und sieh dann, wie sie sich auflöst, indem du das Angstvolle tust. Auf diese Weise wirst du immer mutiger und stärker.
—**Schweige nicht, mach den Mund auf.** Zu Unrecht und zur Unwahrheit schweigen wird von den mächtigen Ungerechten als Zustimmung gewertet. Bei Angriffen gegen das weibliche Prinzip machen wir Frauen uns mitschuldig, wenn wir uns "unseren Teil" zwar denken, aber schweigen. Mach den Mund auf und sprich von deinen Gefühlen (Trauer, Entsetzen, Haß, Wut), die auftreten, wenn die Person neben dir deine Würde als Frau beleidigt.

— Sprich über dich. Sprich mit "fruchtbaren" Personen über dich und deine Fortschritte. Sprich mit dir selbst, indem du eine tägliche Tagebucheintragung machst und dir damit immer näher kommst. Kommuniziere mit "fruchtbaren" Autorinnen und Autoren, indem du dir beim **Lesen** Bekräftigung holst.

Du mit deinen einfachen Wahrheiten

Sechs Stunden lang war ich mit dem Auto gefahren. Hinter meinen Augen lief immer noch das graue Band der Autobahn weiter und das Motorgedröhne klang in meinen Ohren nach, als ich in A-Stadt eintraf und den gepflegten Bungalow von Susanne betrat. Susanne lag auf der Couch und las Camus. Sie lächelte mich geistesabwesend an und — völlig unerwartet — fährt sie mit ihrem rechten Zeigefinger hoch, sticht in meine Richtung in die Luft und fragt: Was ist der Sinn deines Lebens. Ich weiß, daß Susanne in den letzten Monaten unentbehrlich mit dieser Frage befaßt ist. Sie hat sogar Partys unter dieses Motto gestellt. Mit schriftlicher Einladung, allerdings ohne Besucher.

Susanne ist 38. Ich weiß, daß Menschen in der Mitte des Lebens zu einem Fragezeichen werden. Das Gerede von der Midlife-crisis, in der offiziellen Presse vor Jahren aufgeflutet und inzwischen wieder abgeebbt, ist weiterhin ein Thema für Kulturfeministinnen. Die Frauen, die dem Selbsterfahrungsflügel der Frauenbewegung angehören, wissen, daß sie um die Beantwortung der Frage Wer bin ich, Was ist der Sinn meines Lebens, nicht herumkommen.

Von meinen ehemaligen missionarischen Postulaten ist eine einzige Forderung übriggeblieben: **Jeder Mensch ist verpflichtet, auf sein Selbst zu**

kommen. Aus meiner eigenen Notwendigkeit heraus war die dringendste Arbeit meiner letzten elf Jahre, das zu betreiben, was die Psychologie unsere Individuation, das heißt, den Prozeß der Selbstwerdung, bezeichnet. Die Zeit, in der die Entscheidung, willst du eine feminine, eine männerorientierte beziehungsweise eine männeridentifizierte oder eine feministische Frau sein, gefordert wird, die Zeit, in der die Krise (Crisis ist Entscheidung) dich aus deinem Dämmerzustand hochquält, ist meist um 35 herum. Mit 38 ist es höchste Zeit, sich mit dem Inhalt von Ich bin ich zu befassen.

Susanne fragt also: Was ist der Sinn deines Lebens, und diese Frage richtet sie eigentlich an sich selbst. Ich hätte gedacht, daß ich auf diese Frage jederzeit blind und freihändig eine Antwort zu geben imstande wäre, da ich mich, so dachte ich, ständig damit herumschlage. Ist es der Überrumpelungseffekt oder das nachhallende Autobahngeräusch? Mir fällt keine intelligente Antwort ein.

Es passiert aber etwas anderes. Ein Bild taucht auf. Das Bild von der Eiche auf der Jägerwiese hinter dem Maurerwald in Wien. Dieser Baum steht einsam an dem Weg, den wir, meine Töchter und die Frauen, die mich sonntags besuchen kommen, entlanggehen, wenn wir einen Ausflug machen. Ich hatte es fast schon vergessen, aber mit diesem Baum hat es eine Bewandtnis. Es war im zweiten Jahr meines Alleinseins in Wien, knapp, nachdem ich aus Graz weggegangen war. Ich war gerade dabei, mich aus der lähmenden Umklammerung meiner letzten Depression zu erlösen. Zu meinem Lernprogramm gehörte es, Wehwehchen, Schmerzen, Krankheiten, und auch Depression ist eine Krankheit, nicht zu verscheuchen oder durch ein pharmazeutisches Mittel niederzuhalten. Ich war wach geworden für die Botschaft meiner großen, tiefen Traurigkeit und den damit verbundenen Seelenschmerzen. Das unpersönliche Wort Depression, diesen klinisch-fremden Ausdruck, habe ich als unpassend aussortiert und durch das altmodische Wort Seelenschmerz ersetzt. Schlimme Ein-Drücke, niederdrückende Ereignisse taten mir "in der Seele weh".

An jenem Sonntagnachmittag waren wir an die elf Frauen und einige Kinder. Unsere Tour war oft dieselbe: mit dem Auto zur Lainzer Tiergartenmauer und dann zu Fuß durch den Maurerwald, die Jägerwiese hinunter zu einer kleinen Straße und auf der anderen Seite einen Wiesenpfad wieder hinauf in den Wienerwald. Wir sind diesen Weg sicher schon an die hundert Mal gegangen. Die riesige Eiche rechts am Wegrand war mir aber nie besonders aufgefallen. An diesem Sonntag ging Elfe an meiner Seite und erzählte mir von ihrer zerbrochenen Ehe und den Qualen, die ihr das Alleinsein bereitete: Ich bin so depressiv. Ich kann das Alleinsein nicht ertragen. Die Frauen wohnen so weit voneinander entfernt.

Die Ehe war kurz geschieden. Wie andere Frauen auch, hatte Elfe gehofft, daß sie mit der offiziellen Scheidung auch die symbiotische Bindung auflösen könnte. Jede seiner Bewegungen zerrte an ihr, war sie doch immer noch unsichtbar mit ihm verbunden. Ich konnte ihre Verzweiflung nachfühlen. Was sollte ich ihr sagen? Ich nahm Elfes Hand, suchte nach Worten, ließ meinen Blick schweifen, und der blieb an der prächtigen, hochgewachsenen, weitausladenden Eiche am Wegrand hängen.

Erkenntnisblitz! Schlagartig begriff ich. Und ich sprach mehr zu mir selbst als zu Elfe: Schau dir die an, sie steht ganz allein im Leben. Sie ist der Baum mit dem härtesten Holz, deren Wurzeln so weit in die Erde reichen, wie sich die Krone in den Himmel erhebt. Könnte sie sich so weit entfalten, so hoch und mächtig und stark werden, wenn sie dichtgedrängt mit anderen Bäumen dort im Wald stehen würde? Kein Sturm kann sie umwerfen. Sie hält sich an ihren Wurzeln fest. Ihre Äste und Zweige dürfen und können sich so entfalten, wie sie es vermögen. Jetzt weiß ich auch, woher der Ausdruck "mächtige Eiche" kommt.

Sie ist allein. Ja, das schon. Sie war ein Same, der einmal wußte, was er werden sollte, hatte er doch das ganze Programm Eiche in sich. Ob die Eiche Depressionen hat? Links des Weges, im Wald, stehen die Bäume dichtgedrängt. Einer stützt sich am anderen, einer lehnt sich an den anderen an. Da fällt keiner um. Der Preis für das befriedigte Anlehnungsbedürfnis und die Sicherheit vor Sturmgefahr und anderem Unbill ist, daß sie sich gegenseitig in ihrer Entfaltung behindern. Ich denke, ich bin diese Eiche. Ich habe gewählt, alleinzustehen, bin eine alleinstehende Frau, um so weit wie möglich in den Himmel und in die Erde wachsen zu können. Mich wirft heute sobald niemand mehr um.

Ich stand für einige Minuten da und umfing den großen Baum mit meinen Armen. Es schien mir passend, daß unter der großen Eiche noch zwei kleine Bäumchen Schutz suchten. Meine Kinder. Ich werde ihnen Obhut geben, solange sie diese brauchen. Irgendwann werden sie sich vielleicht einmal woanders einwurzeln wollen. Ich glaube, sie, meine Töchter, und du, wir alle müssen selbst wählen.

Elfe erwähnt einige Wochen später, daß sie diese Geschichte mit dem Baum nachdenklich gemacht hätte und daß sie ihr Alleinsein nun auch positiv sehen könne. Ich hatte, wie gesagt, diese Geschichte aus dem Sinn verloren und den Baum auf der Jägerwiese auch. Als Susanne mich dann so unvermittelt nach dem Sinn meines Lebens fragt und mir die Eiche ebenso unvermittelt in den Sinn kommt, gebe ich, ohne zu überlegen, die Antwort: Eiche. Die Eiche, fragte man sie, was der Sinn ihres Lebens sei, würde schlicht zur Antwort geben: ein Baum sein. Und wenn die Fragerei nicht aufhörte, würde sie ihre Gattung näher bestimmen und sagen: eine Eiche sein.

Susanne schaut mich an, als ob sie gleich die Ambulanz anrufen müßte. Ich beeile mich, zu sagen: Selbstverständlich bin ich keine Eiche. Ich bin ein Mensch. Wenn du noch wissen willst, was der Sinn meines Lebens ist, dann ist meine Antwort: Mensch sein. Ich weiß, das genügt dir nicht. Ich ergänze also: Der Sinn meines Lebens ist, eine Frau zu sein. Ich sehe, du bist noch immer nicht zufrieden. Der Sinn meines Lebens ist gleichzeitig oder auch nach und nach Tochter sein, Schülerin, Mutter, Kollegin, Freundin, Geliebte, Schwester, Ehefrau, geschiedene Frau. Es heißt aber auch, Staatsbürgerin sein, Hausfrau, Patientin, Radiohörerin, Urlauberin... Dies alles auf **meine** Weise.

Du glaubst es nicht und sagst, wir alle sind **Menschen**. Ich sage, es macht einen Unterschied, ein Mann oder eine Frau zu sein. Eine Frau nimmt die Ereignisse anders wahr als ein Mann. Neben der persönlichen Identität, die es zu erfahren gilt, ist es Zeit, daß wir uns bewußt machen, was es heißt, hier und heute eine Frau zu sein. Willst du dir über deine Schizophrenie bewußt werden, frage ich Susanne. Kennst du den Schwesternkrieg in dir? Kennst du die zwei Seelen, ach! in deiner Brust? Die eine, die so sein **sollte**, wie die anderen es wollen und es fast nie erreichen, und die andere, die danach schreit, sein zu dürfen, wie sie sein **möchte**?

In der Selbsterfahrungsgruppe machen wir manchmal eine Übung, die es darauf anlegt, die beiden

Schwestern zu versöhnen, die Gespaltenheit im Inneren zu heilen. Die Übung geht so. Willst du sie hören? Zwei Frauen sitzen einander zwanzig Minuten lang gegenüber. Schauen sich in die Augen. Halten sich an den Händen. Werden ruhig und entspannt. Die eine Frau fängt an, spricht zehn Minuten lang und darf nicht unterbrochen werden. Sie spricht zum Thema: Als Frau **sollte** ich...

Die Frau führt aus: Als Frau **sollte** ich angepaßt wie ein Chamäleon sein und nach Wunsch und Umgebung meine Farben wechseln. Als Frau **möchte** ich Ich sein. Als Tochter **sollte** ich sanft und lieb sein. Als Tochter **möchte** ich manchmal wild sein und ihm auch hin und wieder eine kleben. Als Geliebte **sollte** ich ihm Leidenschaft vorspielen. Als Geliebte **möchte** ich die Leidenschaft fühlen. Als Angestellte **sollte** ich nett und adrett angezogen sein. Als Angestellte **möchte** ich aber in meinen großen Latschen wie zuhause herumlaufen. Als Mutter **sollte** ich die Kinder bedienen. Als Mutter **möchte** ich den Kindern aber nur das tun, was sie selbst noch nicht können und selbst mal bedient werden. Undsoweiter. Nach zehn Minuten spricht die andere Frau, und die erste hört zu.

Die Eiche auf der Jägerwiese hat diese Probleme nicht. Sie wohnt auf Mutter Erde und gehorcht den Naturgesetzen. Und meine Eiche auf der Jägerwiese ist auch nicht irgendeine Eiche, sie ist eine ganz bestimmte. Sie ist einmalig. Und einzigartig. Auf der ganzen Welt gibt es nicht ein zweites Mal solch eine Eiche. Und wie sie aussieht, hat sie das Lernprogramm, das schon in ihrem Samen angelegt war, bald erfüllt.

Susanne, wenn du mich jetzt noch immer nach dem Sinn meines Lebens fragst, dann ist die Antwort in Analogie zur Eiche: Auch ich bin nicht irgendeine

Frau. Irgendeine Tochter. Ich bin ich. Und noch einmal: Was ist der Sinn meines Lebens? Der Sinn kann nur sein, herauszufinden, was es heißt, hier und heute Mensch, Frau, Gerlinde zu sein, herauszufinden, was ich in diesem Leben zu lernen habe und danach zu leben. Punkt. "Du mit deinen einfachen Wahrheiten", sagt Susanne, nimmt den Camus wieder auf und liest weiter.

Disqualifiziert! Alle Hiebe meines Lebens in dieselbe Wunde: Du bist primitiv. Die Gerlinde kann nicht wissenschaftlich denken. Dein Buch ist oberflächlich, unliterarisch, ungebildet. Alle Hiebe in ein und dieselbe Wunde, und für einen kurzen Moment taten sie alle — für ein letztes Mal — weh.

Ich behaupte und bestehe darauf, daß die Wahrheit im Grunde ganz einfach ist. Du mußt ihr nur auf den Grund gehen. Und wenn du nicht freiwillig auf den Grund gehst, wirst du eines Tages zugrundegehen müssen. Ich behaupte, daß die Hexen, die weisen Frauen des Mittelalters, dem Geheimnis des Lebens näher waren als alle Wissenschaftler, Philosophen und Theologen zusammen.

Seit diesem Erlebnis mit Susanne, seitdem ich die schwarze Magie des Satzes "Du mit deinen einfachen Wahrheiten" umgedreht hatte, so daß er lautet: "Die Wahrheit ist so einfach, daß jeder Mensch sie begreifen kann", besuchte ich meine Eiche zuerst hin und wieder und dann regelmäßig. Ich habe ihr so viele Unterweisungen zu verdanken, daß der Ort inzwischen ein Andachtsplatz für mich geworden ist. Die vergangene Wintersonnenwende haben wir dort gefeiert.

Soll ich dir erzählen, was die Eiche mich seitdem gelehrt hat? Es sind die alten Wahrheiten, du hast sie vielleicht schon gelesen, aber es macht einen Unterschied, sie mit dem Kopf zu verstehen oder die gleichen Wahrheiten mit allen Sinnen auch zu begreifen.

Wenn du sie begreifen möchtest, dann mußt du sie anfassen, be-greifen. Du mußt deinen Körper an den der Eiche legen, sie mit den Armen umfassen, mit ihr atmen und so lange warten, bis sie zu dir spricht.

Was sie mir erzählte, ist dies: Tod und Wiedergeburt, Kommen und Wiedergehen, kannst du mir abschauen. Jetzt ist Winter. Für jemanden, der das erste Mal auf den Planeten Erde kommen und mich so sehen würde, sehe ich wie tot aus. Starr, kalt, leer, abgestorben. Wer nicht genau schaut, vor allem, wer nicht weiß, wer nicht unterrichtet ist, wer leugnet, der kann nicht sehen, daß ich unter der Erde in meinen Wurzeln, für den Betrachter unsichtbar lebe. Ich habe mein Leben vom Diesseits, vom Tagbewußtsein, ins Jenseits, ins Nachtbewußtsein, verlagert. Ich habe meine Kräfte von außen nach innen gezogen. Nur scheinbar schlafe ich einen Winterschlaf. In Wirklichkeit arbeite ich nach innen.

Im Frühling werde ich wieder ins Diesseits geboren. Dann können alle sehen, daß ich lebe. Dann wird jeder wissen, daß der Prozess des Wachsens, Blühens, Früchtetragens, Reifens nicht mehr aufzuhalten ist. Ich erfülle den Lehrplan meines Lebensjahres. In der Hoch-Zeit des Jahres verschmelzen mein weibliches und mein männliches Prinzip. Nach der Hoch-Zeit, in der der höchste Punkt meiner Kreativität erreicht ist, beginne ich, meine Kräfte langsam wieder zurückzuziehen. Meine Früchte fallen ab. Vielleicht kommt irgendjemand daher und freut sich daran, Kinder, die Spielzeug daraus machen, oder Wildsäue, die sich die Eicheln holen.

Du siehst, der Sinn meines Lebens ist, zu kommen, zu blühen, Früchte zu tragen, diese abzuwerfen und mich irgendwann im Spätherbst unter die Erde zurückzuziehen. Dies ist dann die Rückgeburt ins jenseitige Leben, ins Nachtbewußtsein. Jeder vernünftige Mensch weiß, daß dies so sein muß, daß das so ist und daß ich, weil ich jetzt so kahl, trocken und leer dastehe, nicht tot bin, sondern nur meine Erscheinungsform gewechselt habe.

Mit jeder Jahreszeit wechsle ich meine Gestalt. Im Frühjahr bin ich ein junges Mädchen. Ich bin wild, stürmerisch, frech, amazonenhaft kämpferisch wie mein Element um diese Zeit, die Lüfte. Meine Farben sind zartgrün. Die Aufgabe, die ich zu erfüllen habe, ist wachsen und werden. Ich habe alle Zweige voll zu tun, mich zur Entfaltung zu bringen.

Im Sommer, in der Mitte meines Lebens, ist Hoch-Zeit. Diana-Zeit. Das kämpferische Drängende in mir, mein männliches Prinzip, vermählt sich mit dem lebensbewahrenden weiblichen Prinzip. Ich bin jetzt Stamm, Geschlecht, Mutter, Stammes-Kultur. Meine Farbe ist rot. Eros-Kräfte richten sich auf meinen Nachwuchs. Die Früchte werden reif.

Wenn's Herbst ist, stehe ich an der Grenze zur anderen Welt. Meine reifen Früchte fallen ab. Ich kann sie loslassen. Meine Kräfte verlagern sich langsam in die Wurzeln. Meine Farbe ist schwarz. Ich bin die Hexe, die weise Alte. Ich mache mich bereit, zu gehen.

Die Winterzeit ist die sogenannte paradoxe Zeit. Der Kreis schließt sich. Ich bin zwar dürr, habe keine Blätter, keine Früchte. Aber Tod ist nicht Ende. Das Absterben meines Leibes ist nur ein Verweilen in der anderen Welt. Jeder weiß, daß ich wiederkommen werde.

Der Sinn meines Lebens ist also nicht, Menschen Schatten zu spenden, meine Rinde für Herz-Gravuren zur Verfügung zu stellen, Kindern mit Spielzeug zu dienen und meine Eicheln vor die Säue zu werfen. Dies sind Nebenerscheinungen, Abfallprodukte. Der Sinn meines Lebens ist, zu leben.

Susanne, es ist wichtig, daß du begreifst, daß zum Beispiel auch dieses Buch, wie alles, was ich produziere, nicht der Sinn meines Lebens, sondern eine Nebenerscheinung, ein Abfallprodukt ist. Wenn jemand aus diesem Buch einen Nutzen zieht, dann ist es gut. Wenn nicht... Ich habe gelebt. Ich bin das Hauptprodukt. Und das war der Sinn.

Ein Kriegsfilmtitel heißt "Hunde, wollt ihr ewig leben". Es ist müßig, die Frage zu stellen, ob wir nun ewig leben wollen oder nicht. Ich denke, daß wir das gar nicht entscheiden können, denn Leben an sich ist unvergänglich. Ob wir wollen oder nicht, wir müssen so lange auf die Erde kommen, bis wir vollendet sind, und wenn wir nicht freiwillig lernen, dann werden wir dazu gezwungen. Die sogenannten Schicksalsschläge sind Antworten. Wir sind für unsere Taten und Versäumnisse ver-antwortlich.

Ich fühle mich leidenschaftlich dem Leben und dem seelisch-geistigen Wachstum verpflichtet. Und ich möchte mich mitteilen, ich muß teilen, sonst verbrenne ich. Wie ihr seht, bin ich, wie immer, selbstsüchtig. Die Wahrheit ist einfach. Sie muß einfach sein. Wie könnte sich sonst eine Person, die nicht lesen kann, vollenden? Was haben die Menschen in den Matriarchaten, die nicht lesen und schreiben konnten, getan? Wie haben Hexen ihre Weisheit erlangt? Wie außen, so innen, wie innen, so außen, wie unten, so oben und umgekehrt, wie im kleinen, so im großen, wie da und dort, so auch hier, wie damals, so heute — die Wahrheit steckt überall.

Die Zellen in Pflanzen, Tier und Mensch sind aus den vier genetischen Bausteinen, den Elementen, aufgebaut. Jede Zelle, in welchem Organ sie auch enthalten sein mag, enthält den Bauplan des Ganzen. In der Natur herrschen die gleichen Kräfte wie zwischen den

Sonnensystemen. Und ein Baum lebt uns Jahr für Jahr die vier Phasen der Entwicklung, die auch wir Menschen mitmachen, vor.

Der Baum ist nicht von ungefähr das Ur-Symbol des Weiblichen, denn er zeigt uns am anschaulichsten, wie Geburt und Tod in rhythmischem Auf und Ab vonstatten gehen. Rilke sagt: Ich lebe mein Leben in wachsenden Ringen, die sich über die Dinge ziehen, den letzten werde ich vielleicht nicht vollbringen, aber versuchen will ich ihn.

"Zuerst sterben die Wälder und dann sterben die Menschen". Das ist der Titel eines Dokumentarfilms, den ich vor kurzem gesehen habe. Ist es wirklich so schlimm mit der Erde? Vor ein paar Tagen stand ich eine Stunde lang vor einer Steinmauer und konnte mich nicht sattsehen an dem, was da geschah. Zwei Frauen hackten und kratzten mit Spitzhacken und anderen Geräten das Moos, die Flechten und alle kleinen Pflanzen, die sich in den Ritzen der Steine eingenistet hatten, um es wohnlich zu haben, heraus. Unter den heruntergefallenen Moospolstern und den ausgerissenen Pflanzen wimmelte und wurmelte es von Leben. Ameisen, Käfer, Insekten, deren Namen ich nicht kenne, krabbelten untereinander und übereinander. Ich war wie elektrisiert, und eine kleine Freude, deren Ursache ich zunächst nicht erkennen konnte, wuchs sich aus zu dem jubelnden Satz: "Das Leben setzt sich durch!"

Die Frauen hörten mit der Arbeit auf, legten die Hacken zur Seite und schauten mich erstaunt an.
Warum tut ihr das? fragte ich sie.
Ja, wenn wir dos nit alle Joar abputzen taten, dann wär die Mauer bald hin.
Das Leben setzt sich durch, sagte ich noch einmal leise. Die Frauen hielten mich für eine Verrückte.

Ich weiß, wenn wir auf die Erde kommen, sind wir noch kein voll-entwickeltes Seele-Geist-Wesen. Wenn wir auf die Erde kommen, um unsere Entwicklung als Mensch zu beginnen oder fortzusetzen oder zu vollenden, dann bringen wir schon ein vorgeformtes Selbst, unseren Energie-Persönlichkeitskern, mit. Dies ist der Samenkorn, ein geistig-seelischer Keim. Und wie jedes Samenkorn enthält es alle Möglichkeiten seiner Art. Aber es bedarf dazu der allmählichen Reifung.

Was tut die Natur nun, damit ein Pflanzensame reif wird? Sie wurzelt ihn in die Erde. Die vielfältigen Kräfte — Wasser, Luft, Feuer — die auf ihn einwirken, fördern, stärken oder, wenn wir die Kräfte falsch kanalisieren, verhindern oder unterdrücken ihn. Es ist so einfach. Um die Wesenheit Menschen zu vollenden, brauchen wir, wie Pflanzen und Tiere auch, Erde, in der wir wurzeln, Wasser, Luft und Feuer. Wir sind an die Erde gebunden.

Seele und Geist gehören zusammen wie Tag und Nacht, wobei die Seele der Yin-Pol und Geist der Yang-Pol ist. Ein Volkslied geht so:

> Wenn die Nacht nimmer käm,
> wär der Tag auch nicht schön,
> wenn's kein Regen nit hätt,
> wär die Sonn auch nicht schön,
> und das Leid ist wohl da,
> daß wir d'Freud recht verstehn.

Ein Teil ist ohne den anderen Teil nicht denkbar. Alles auf der Welt, alle Personen und Dinge, stehen unter dem Gesetz dieser Doppelfunktion. Für uns Menschen, die wir auf die Erde kommen, heißt dies, daß wir zwei Notwendigkeiten zu erledigen haben, einerseits unsere Selbstverwirklichung, die Vollendung unserer Seele, und andererseits die Einfügung in einen größeren Verband, den Geist.

Die Anhängerinnen der alten Religion verstanden den Tod als nichts anderes als ein Geborenwerden in die jenseitige Welt. Sie verließen die sterbliche Hülle. Sie gingen hinüber. Die offizielle Öffentlichkeit feiert die Berichte des Dr. Moody und die Protokolle der Dr. Kübler-Ross über die sogenannten Klinisch-Toten, die wiederbelebten Menschen, als sensationelle Entdeckungen. Kennt ihr die Berichte, in denen Menschen erzählen, wie sie, wir ihr Seele-Geist-Bewußtsein, den Körper verlassen hatten und wie sie sich dann, auch wenn ihr Körper schon abgestorben ist, weiterhin im Raum aufhalten, alles sehen, hören, selbst aber in das Geschehen nicht mehr eingreifen können? In den Reinkarnations-Regressionen in tiefer Trance erleben wir das gleiche Phänomen.

Körper, Seele, Geist, sind von unterschiedlicher Beschaffenheit und können sich daher nicht vermischen, solange sie auf der Erde miteinander verbunden sind. Im Zustand des Todes aber wird die Verbindung zum Körper aufgelöst.

Ein Kind stellt sich die Welt so vor, wie sie ihm vorgestellt wird. Was den Menschen gelehrt wird, das glauben sie. Gedanken sind wie Dinge, sie können in das Denken eines Menschen eingepflanzt werden und den geistigen Inhalt seines Denkens beherrschen. Ob Gedanken nun gesund oder krank sind, ob sie Lüge oder Wahrheit sind, sie werden Wurzeln schlagen und den Menschen zu dem machen, was er geistig ist. Einziges Ziel des tibetanischen Totenbuches ist, den Träumer zum Erwachen in der Wirklichkeit zu bringen, befreit von allen kosmischen Wanderungen durch die Wiedergeburten.

Auf Einladung von Kurt Lüthi, Professor für protestantische Theologie sprach ich in einem Seminar in Wien über Symbole des Weiblichen. Der Kreis mit dem gleicharmigen Kreuz, bekannt als Frauenzeichen, ist sowohl Zeichen für das biologisch Weibliche als auch Sinnbild für die autonome Frauenbewegung. Die sich häutende Schlange, der Baum der Göttin in allen drei Gestalten dargestellt, alle sind sie Sinnbilder und Hinweise auf das, was selbstverständlicher Bestandteil der Frauenkulturen war: Tod und Wiedergeburt.

Nun kann ich von einem Symbol als einem abstrakten Gegenstand, mit dem ich nichts zu tun habe, sprechen, oder ich setze dieses Bild, das ja etwas Höheres, etwas Mächtigeres darstellt, als ich mit der Sprache auszudrücken vermag, zu mir und meinem Leben in Beziehung. Als Ökologin bin ich immer für lebendige, ganzheitliche Beziehungen. So sind auch meine Beziehungen zu Symbolen und zu den Blumen. Und so sprach ich von Tod und Wiedergeburt als von einer Selbstverständlichkeit und setzte beides auch als selbstverständlich voraus.

Für die Theologiestudentinnen und -studenten ist dies aber eine Ungeheuerlichkeit. Tumult bricht aus. Einige Seminaristen verlassen den Raum. Ich wende mich an meinen Gastgeber (auch Autor des Buches "Gottes neue Eva") und bitte ihn um Unterstützung. Bitte, sag deinen Seminaristen, daß die Lehre von der Reinkarnation, die Wiedergeburt der Seele im Körper, erst 553 n. Chr. beim fünften Konzil zu Konstantinopel durch Akklamation aus den christlichen Lehren gestrichen wurde. Dieses Konzil war ökumenisch und ging als "Akklamationskonzil" in die Geschichte ein.

Professor Lüthi wird rot und bestätigt, daß es 553 n. Chr. ein fünftes Konzil, das Akklamationskonzil gegeben habe. Er wußte auch, daß dieses von Kaiser Justinian (527 - 565) einberufen worden war, daß aber bis zu diesem Jahr Reinkarnation Bestandteil auch des Christenstums war, das wußte er nicht.

Durch einen hauchdünnen Mehrheitsbeschluß — man stelle sich vor, ein paar Dattergreise haben durch Handaufheben und Zurufe gegen ihr Wiederkommen auf die Erde Einspruch erhoben, das ist männliche Demokratie — wurden aus dem Testament und aus sämtlichen "heiligen" Büchern alle Stellen, die Hinweise auf Tod und Wiedergeburt gegeben haben, gestrichen.

Kleiner Nachhilfeunterricht für Theologiestudenten: Vor den Männerreligionen, vor dem Schöpfer-Vater, gab es die dreifaltige Göttin unter vielerlei Namen auf der Erde. Nach dem Putsch des Mannes tauchten zuerst in Kleinasien und Palästina anstelle der Jehawa (=Eva - Weltschöpferin) der Usurpator, Jahwe, der Vorläufer des späteren Himmelsvaters, auf. Die Bibel, das Buch der Bücher, ist eine Anthologie rein männlicher Welterklärungen, eine Abschrift der Abschrift.

Jesus, ein matriarchal geprägter Epigone, taucht als Heros-Heiland-Welterlöser auf, predigt ins Chaos der Übergangszeit von der Frauen- zur Männerkultur die alte Lehre: Primat des Liebes- und Lebensgebotes. Was er sagt, wird spät aufgeschrieben und wieder entstellt, das heißt, aus dem subjektiven Blickwinkel der Aufschreiber wiedergegeben. Die Weichen für Inhalt und Organisation der neuen Religion wurden dann in den ersten vier ökumenischen Konzilen der jungen Christenheit gestellt. Das fünfte Konzil wurde vom oströmischen Kaiser Justinian inszeniert. Die Bischöfe hatten nicht viel zu sagen. Was Justinian erreichen wollte, war längst vorher in kaiserlichen Dekreten und Gesetzen festgelegt worden.

Ist euch diese Vorgangsweise beim hiesigen heutigen Parlamentarismus bekannt? Justinian beorderte Papst Vigilius (537 - 555) nach Konstantinopel.

Wie so oft in der Geschichte, beugten sich Papst und Bischöfe einmütig den machtpolitischen Interessen des Kaisers, der dann wegen seiner erbarmungslosen Ketzergesetze als Tyrann in die Geschichte einging. Ketzer wurde von da an jeder, der christliche Dogmen leugnete und sein Leben nach der weiblichen Religion ausrichtete. Ketzer und Hexen wurden mit dem Tod bestraft, ihr Erbe fiel in die Hände von Kaiser und Kirche.

Kurt Lüthi, mein Gastgeber, ist peinlich berührt. Er ist ein Mann guten Willens. Und eigentlich kann er nichts dafür, daß selbst ihm als Universitätsprofessor, einem Mann, der in der Bildungshierarchie an der Spitze steht, wesentliche Geschichtsfakten verheimlicht wurden. Und so bitte ich ihn freundlich, doch zu überprüfen, ob das, was ich gesagt habe, richtig ist und mich vor den Hörerinnen und Hörern zu bestätigen.

Das tat er auch. Ein halbes Jahr später sitze ich wieder bei ihm im Seminarraum. Das Thema: "Eva und wir haben vom Baum der Erkenntnis genascht. Ist das Sünde?" Kurt Lüthi hatte sich erkundigt: Ja, du hattest recht. Die Lehre von der Wiedergeburt der Seele war bis 553 n. Chrs. Bestandteil der christlichen Religion. Daraufhin habe ich mich spontan entschlossen, mit den Studentinnen und Studenten Arbeitskreise zu folgenden Fragen einzurichten: Warum, glaubt ihr, wurden Tod und Wiedergeburt und damit alle entsprechenden Stellen im Alten und Neuen Testament gestrichen? Welches Interesse hatte der Staat daran? Was bedeutet das Verschweigen dieser Wahrheit, und was bedeuten die neuen Dogmen und im Zusammenhang damit die darauf einsetzende Ketzer- und Hexenjagd? Was bedeutet dies für den einzelnen "Sterblichen"? Welche Einstellungen,

Gefühle, Gedanken und Verhaltensnormen ergeben sich daraus für die Menschen?

Diese Fragen stelle ich auch den Leserinnen und Lesern. Welche Charakterstrukturen mag ein Mensch wohl entwickeln, den man glauben macht, daß er nur ein einziges Mal auf die Erde kommt und dessen Aufgabe es ist, so viel wie möglich zu haben und sich so bequem wie möglich einzurichten. Was bewirkt es wohl, von klein auf mitzubekommen, daß wir nur einmal zu leben hätten, und danach, je nachdem, ob wir im Sinne der Männerreligion gelebt hätten oder nicht, in den Himmel, ins Fegefeuer oder in die Hölle kämen. Die Antwort darauf mag sich jede/jeder selbst geben.

Paracelsus hat mich durchschaut

"Das sind die hauptzeichen, die die hexen an inen haben, so sie der geist ascendens überwunden hat und wil sie zu meistern machen."

Was mir an dieser Paracelsus-Aussage auffällt, ist, daß er ganz freizügig die Merkmale der Frau seiner Zeit und damit, wie ich nachgewiesen habe, auch die Merkmale der empirischen Hexe angibt und daß er auch offen zugibt, daß sie zu Meisterinnen gemacht werden können. Und Meisterschaft erreichen, Meisterin sein, etwas meistern, hat auch in der patriarchalischen Überlieferung keine negative Bedeutung. Es ist interessant, daß für die Hexen, obwohl sie ein ascendens zu Meistern machen wollte und offensichtlich auch gemacht hat, niemals materieller Reichtum und persönliche Macht Ziel und Ergebnis der Meisterschaft war. Hat man jemals von reichen Hexen und herrschenden weisen Frauen gehört?

Die Hexen waren materiell arm. Das ist nachgewiesen. Ihr Vermögen bestand in der von Paracelsus geschilderten Meisterschaft. Dagegen gibt es viele Märchen und Sagen, in denen berichtet wird, daß Männer mit dem Teufel einen Pakt geschlossen haben, der ihnen Ruhm, Reichtum und Ehre einbrachte. Männer, die dieses Bündnis mit dem Teufel eingingen, mußten für Ruhm, Macht, Reichtum und Ehre ihre Seele verkaufen. So steht's auch im Faust.

Hexen waren weder reich noch hatten sie Ehre

oder Ruhm. Noch weniger hatten sie politische Macht. Sehr wohl aber waren sie reich an Wissen, Weisheit, Vermögen, reich an dem, was ihre Fähigkeiten und Kenntnisse anging. Ihre Eigen-Macht stellten sie anderen zur Verfügung. Als Ärztinnen des Volkes, als Hebammen, waren sie sozial im Sinne des Gemeinwohls mächtig. Sie waren Heilerinnen auf vielerlei Ebene und praktizierten eine qualifizierte Nachbarschaftshilfe. Von der hochbezahlten männlichen Ärzteschaft unterschieden sie sich wesentlich.

Da gibt es also einen Geist. Paracelsus nennt ihn ascendens. Laut Lexikon ist dieser ein Verwandter in aufsteigender Linie. Das Wort Aszendenten ist die Zusammenfassung für Eltern, Großeltern, Urgroßeltern, Vorfahren. Nach der Aussage des Lexikons sind die von Paracelsus verteufelten Geister ascendens also unsere Vorfahren.

Dämon ist ein griechisches Wort und heiß Verteiler, Zuteiler des Schicksals. Noch bei Homer kommt das Wort Daimon als Gott vor. In der modernen Religionswissenschaft ist Dämon eine Bezeichnung für eine besondere Klasse übermenschlicher, aber nicht göttlicher Kräfte, die von den meisten Religionen als real und als menschliches Schicksal meist negativ, aber auch positiv beeinflussend aufgefaßt werden. Ursprünglich war der Begriff Dämon also wertneutral. Wie alles auf der Welt, hat auch ein Dämon zwei Seiten, zwei Pole. Ein Yin-Pol und ein Yang-Pol halten die Spannung. Das Liebes- und Lebensprinzip und das Todesprinzip, lebenszugewandte und lebensabgewandte Interessen vereinigen sich in ein und demselben.

Wenn Tod und Wiedergeburt Wirklichkeit sind, wenn, wie ich heute weiß, Seele und Geist ewige Gültigkeit haben, wenn es also nur der Körper ist, den wir eines Tages für immer verlassen und unser Bewußtsein eine andere Wesenheit annimmt, dann sind alle Göttinnen, von denen wir aus der Mythologie wissen und lesen, deren Geschichte wir kennen, dann sind alle Frauen der alten Welt, die Kulturbringerinnen, die weisen Frauen, die großen Mütter, die Städtebauerinnen, jene, die den Begriff Kultur überhaupt erst eingeführt haben (colere heißt pflegen), dann sind alle jene zwar körperlos, aber dennoch am Leben.

Der Durchbruch zu dieser theoretischen Erkenntnis erfolgte ungefähr zur gleichen Zeit, als ich das erste Mal Seelenkontakt mit der anderen Welt bekam. Ein Glückshoch erschütterte mich. Ich hatte einen Draht zur Geisterwelt und benutzte ihn auch. Aber mit irgendwem wollte ich nicht kommunizieren. "Die Gerlinde tut's nicht unter einer Göttin", spöttelte eine Freundin. Nein, ich setze mich doch auch nicht mit jeder beliebigen Person in einem Gasthaus an einen Tisch. Dünnhäutig, wie ich bin, kann ich es mir nicht leisten, mich einer schlechten Ausstrahlung auszusetzen. Es gelang. Dieselbe Sorgfalt, mit der ich meinen irdischen Umgang auswähle, wandte ich auch bei meinem überirdischen Umgang an.

Trotz allergrößter Vorsichtsmaßnahmen gab es aber Ungereimtheiten, Schatten, negative Energieeinbrüche. Ich war gezwungen, einen Schritt weiterzugehen und mir eine ganz andere Frage zu stellen: Bitte, was geschieht mit jenen Menschen, die neben den Göttinnen und danach gelebt haben? Was geschieht mit den Todessüchtigen, mit den Vergewaltigern, Mördern, Folterern der Vergangenheit und Gegenwart, wenn deren Leib abstirbt? Sind Hitler, Stalin, Mussolini, sind Jack the Ripper und alle unbekannten Übeltäter nachher, wenn sie das Zeitliche — nicht gesegnet — verlassen haben, geläutert? Sind sie dann plötzlich alle harmlose, liebe Geistwesen? Wo gehen sie alle hin, die BKI, Galtung nennt die gegenwärtige Verantwortlichen für die Mißstände auf der Erde, BKI, die Bürokraten, die Kapitalisten und die Intellektuellen. Wo halten sie sich auf, die Chauvis und Softis, die Gewalttäter und auch die Nutznießer des Patriarchats? Wo sind die Frauen, die männlich infiziert, ihr Selbst verloren haben?

Sie alle existieren in unveränderter geistiger, seelischer Beschaffenheit. Nur körperlos. Waren sie vorher schon für Sachen, gegen lebendiges Sei-en eingestellt, dann sind sie es, nachdem sie die "sterbliche Hülle" verlassen haben, immer noch. LSD-Reisende erzählen, daß sich der seelische Zustand, in dem sie ihren Trip antreten, verstärkt. Sind sie bei Reiseantritt gut drauf, dann wird die Fahrt zu einem Glücksrausch. Sie fühlen sich high.

Wenn sie aber schlecht drauf sind und LSD nehmen, um sich ein besseres Gefühl zu verschaffen, erleben sie die bittere Enttäuschung, daß sich nicht, wie erwartet, Glücksgefühl einstellt, sondern daß sich ihre Angst, ihr unangenehmes Gefühl, vielfach potenziert. Sie sprechen dann von einem Horrortrip. Ähnlich muß es sein, wenn ein Erde-Luft-Wasser-Lebenszerstörer, ein sich selbst Entfremdeter, ein Übeltäter, seinen Körper verläßt. Der Seelenzustand verstärkt sich. Die Qualen, die Ängste — auf der Erde konnte er sie noch verdrängen — steigen ins Unermeßliche. Wie auf der Erde also auch im Himmel.

Um die eigenen Ängste zu vergessen und auch die innere Leere — sie haben ja keinen Kontakt mit der universellen göttlichen Energie — versuchen diese Geister, auf der Erde Weilenden Energie abzuzapfen. Erst in allerletzter Zeit verstehe ich, begreife ich Ausdrücke und Redewendungen wie "Es geistert", "Quälgeist" oder "Gib ihm das, damit die arme Seele Ruh hat". Selbst das hingeschlenkerte Wort "Er ist ein armer Teufel" und das immer wiederkehrende Motiv, daß der Mörder als Schloßgeist an den Ort des Geschehens zurückkehrt, dort herumgeistert, und nach Erlösung verlangt, hat für mich vor dem Hintergrund meines neuen Wissens eine konkrete Bedeutung bekommen.

In Science fiction-Romanen und -Filmen ist immer wieder von außerirdischen Intelligenzen die Rede. Wenn ich von diesen lese, gruselt's mich genauso, als würde ich an der nächsten Straßenecke einem Kopffüßler begegnen. Ein Kopffüßler ist ein Mensch, dessen Arme und Beine aus dem Kopf herauswachsen, wie hellsichtige kleine Kinder sie manchmal zeichnen. Kopffüßler ist ein eher liebevoller Ausdruck für eine Sorte Mensch, den ich treffender Computer oder Roboter nennen möchte. Sie haben ihre Seele verkauft oder zurückgelegt oder verschenkt. Computermenschen sind wie ferngesteuerte Maschinen. Sie sind seelenlos.

Die Intelligenz von Computermenschen funktioniert tadellos. Wie ein Mikroprozessor werden sie mit Daten gefüttert, die sie auf Knopfdruck in verschiedenen Kombinationen wieder ausspucken. Die Programmplatte, die sie in ihrem Hirn haben, kann eine Menge Informationen speichern. Wen wundert's, daß diese Intelligenzen immer wieder zu verblüffen vermögen?

Ehe ich eine Begriffsverwirrung verursache: Dämon war ursprünglich eine neutrale Bezeichnung für Seele-Geist-Wesen, für ein körperloses Geschöpf. Im aufkommenden Christentum wurden dann alle matriarchalen Geister, die Aszendenten (die Vorfahren), als böse hingestellt. Genauso wie die matriarchalen Frauen, die Weisen, die Hexen als böse, weil den Herren unangenehm und unbequem, bezeichnet wurden. Beispiel: Luzifer heißt Lichtträger. Er ist der Heros der

Sophia, der Weisheitsgöttin. Luzifer ist jener, der nach Aussage der Apokalypse am Ende der Zeit (welcher Zeit?) kommen wird, um zu richten. Er wird der Widersacher genannt. Was heißt Widersacher? Wider heißt gegen. Luzifer ist gegen Sachen, er ist gegen den Sachzwang, gegen den Materialismus.

Das Merkmal des Heros ist, daß er in der Identifikation mit der Göttin sein eigenes Liebes- und Lebensprinzip entdeckt, dem in sich selbst erweckten weiblichen Prinzip Priorität einräumt und somit dem Leben vor der Sache den Vorrang gibt. Luzifer ist somit ein Widerstandskämpfer gegen das Patriarchat. Luzifer wurde angeblich in die Unterwelt verbannt, wo er aber sicherlich selbst hingegangen ist, weil er ja dorthin gehört. Die kosmische Welt des Universums wurde ja nur vom Patriarchat als die Unterwelt bezeichnet, so wie Sigmund Freud das Selbst-Bewußtsein, das Weibliche in uns, Unterbewußtsein genannt hat. Die Hierarchie und die Zuteilung unten = schlecht und oben = gut ist eine Erfindung der Patriarchen zum Zweck ihrer Selbsterhöhung, zum Zweck der Frauenerniedrigung. Aus dem Blickwinkel des Patriarchen, vor allem der kirchlich-christlichen, ist alles Matriarchale und Amazonische, alles Hexische, sind alle Göttinen und Heroen, sind alle Menschen, deren Bewußtseinslage und deren Glaube sie mit ihren Vorfahren der Frauenkulturen verbündet, **böse**, teuflich, dämonisch. Daher der Vorwurf, die Hexe würde ein Bündnis mit dem Teufel eingehen und einen Pakt mit ihm schließen.

Ich, Hexe Gerlinde Schilcher, habe einen Pakt mit meinen matriarchalen Vorfahren geschlossen. Ich bin in Verbindung mit meinem ascendens, mit den großen Müttern und den guten Geistern, die nur im linearen Denken patriarchalischer Intelligenz Vergangenheit sind. Ich bin Verbündete der Geister, der zeitlosen, alterslosen Geister, denen ich gleiche. Du gleichst dem Geist, den du begreifst, sagt Goethe.

Religion heißt Rückbindung. Ich habe mich an die Göttinnen gebunden. Ich glaube nicht an sie, das habe ich nicht nötig, seit ich von ihnen weiß. Ich glaube nicht **an** sie, ich glaube vielmehr **ihnen**. Wie auf Erden, so auch im Himmel, wie im Himmel, also auch auf Erden. Die am dichtesten besiedelte Welt ist die Geisterwelt. Wenn wir uns aber öffnen, wenn wir durchlässig werden, feinfühlig, hellsichtig und medial, dann haben wir vorerst keinen Filter, mit dessen Hilfe wir die wohlwollenden von den bösartigen Geistern unterscheiden können. Um klar zu reden und um unmißverständlich zu sein, werde ich von nun an von matriarchalen Geistern auf der einen und von Dämonen auf der anderen Seite sprechen.

Seit geraumer Zeit mag ich keine Zeitungen mehr lesen und nicht mehr fernsehen. Das Tagesgeschehen, Mord, Zerstörung, patriarchalische Zeitgeschichte wurde mir zur Bedrängnis. Nach jeder Mord-, Kriegs- und Korruptionsgeschichte fühlte ich mich beschmutzt, besudelt, verstört, gestört in meinem Ziel. Ich will dies nicht mehr sehen, und ich will dies nicht mehr hören. Ich habe damit nichts mehr zu tun. Es war eine unbewußte Schutzmaßnahme, die mich davor bewahrte, meine Kräfte im Abwehrkampf zu verschleudern.

Auch wenn ich nicht täglich die Berichte der fortwährenden Zerstörung lese, weiß ich doch, daß es diese gibt, argumentiere ich, wenn mir mal wieder jemand Weltflucht vorwirft. Es ist mir eine bestimmte Naivität gewachsen, etwas wie die Unschuld eines Kindes, eine Gutgläubigkeit, die angesichts der Tat-Sachen gefährlich für mich wurde. Konnte ich mich ganz gut vor den Sexisten hier und heute schützen, so war ich vorerst nicht gegen die Sexisten im Jenseits, sprich Dämonen, gewappnet.

Mit der Ahnungslosigkeit eines Kindes, was ich nicht weiß, macht mich nicht heiß, habe ich lange Zeit meine Geisterstunden abgehalten. Bis zu dem Zeitpunkt, an dem eine Frau aus unserer Gruppe uns verließ, ohne unsere Hilfe und ohne unseren Schutz allein experimentierte und abrutschte. Vorher waren Dämonen für mich nicht existent. Die irdischen Dämonen hatte ich verlassen, ich hatte nichts mehr mit ihnen zu tun. Und die außerirdischen? Ich hatte keine Ahnung. Inzwischen weiß ich, daß ich alle warnen muß, die aus Neugierde, aus Sensationslust oder aus Laune an Spiel und Spaß außerirdische Geister rufen, die sie nicht kennen. Die Geister, die die Frau, die uns verlassen hatte, rief, ist sie nicht mehr losgeworden.

Manchmal höre ich den Vorwurf, ich sei so moralisch. Anfangs fühlte ich mich bemüßigt, mich zu rechtfertigen, denn ich habe mit der patriarchalischen Doppelmoral wirklich nichts zu tun. Abgesehen davon, daß ich zu meiner Moral stehe, sie resultiert aus einer matriarchalen Bewußtseinslage, aus meinem leidenschaftlichen Einsatz für's Leben, schade ich niemandem damit. Es gibt keinen Grund, nicht moralisch zu sein. Es gibt aber viele Gründe, moralisch zu denken und zu leben.

Du gleichst dem Geist, den du begreifst, erweitere ich zu: Gleich und gleich gesellt sich gern. Zu dir gesellen sich jene Geister, die von derselben seelisch-geistigen Qualität sind wie du. Bist du unrein, gesellt sich ein entsprechend unreiner Geist zu dir. Wenn du hochmütig, überheblich, macht- und geldgierig bist, dann ziehst du jene hochmütigen, überheblichen, macht- und geldgierigen Geister an.

Einen Geist rufen, heißt ja nicht, vorsätzlich einen Namen sagen. Wir rufen in erster Linie mit unseren Gedanken. Gedanken strahlen mit elektromagnetischer Kraft. Diese Energiewellen sind — wie Radiowellen auch — unsichtbar. Die Strahlen oder Wellen haben eine bestimmte Frequenz. Die Motten kommen auch erst, wenn das Licht eingeschaltet ist. Oder denk an die Fische im Meer, wie sie heute gefangen werden. So "rufen" wir auch die Geister, die zu uns gehören. Jetzt verstehst du vielleicht, warum für mich ein moralisch-sittliches, lieber aber sage ich ein selbstverwirklichendes Leben, und dies ist ja in meine Aura eingebettet, wichtig ist, warum Moral für mich eine positive Bedeutung hat. Und jetzt verstehst du vielleicht auch, warum eine gründliche Reinigung der wichtigste Bestandteil eines Rituals, einer Geisterstunde, einer Orakelbefragung, ist.

Fehler sind keine Sünden. Wir sind ja auf die Erde gekommen, um zu lernen, und wir können auch aus unseren Fehlern lernen. Um Fehler zu korrigieren, müssen wir uns diese aber zuerst bewußt machen. Reinigen heißt für uns also, uns unsere Fehler bewußt machen. Reinigen heißt, uns unsere Fehler, unsere Schwächen, unsere Anfälligkeiten vor Augen zu führen und diese aussprechen gemäß unserer Macht und nach unserem Vermögen, das heißt, so gut wir es vermögen.

Diese Reinigung und die Bitte um Unterstützung von unseren matriarchalen Geistern, den großen Müttern und den heroischen Vätern ist der einzige Schutz, den wir vor Dämonen haben. Einen hiesigen Dämon kann ich an seiner Körpersprache, an seinen Handlungen, an der Art, wie er sich zu sich selbst und zu anderen verhält, an seinen destruktiven Gedanken, die er, wenn er kein Heuchler ist, ohnehin ausspricht, erkennen. Es ist schon etwas daran, wenn wir manche Menschen nicht riechen können. Die Dämonen auf der anderen Seite tragen keine äußeren Erkennungsmerkmale. Sie sind ja körperlos. Und wer nicht geübt ist, positive von negativen Ausstrahlungen zu unterscheiden, wer überhaupt die Empfindsamkeit für Seelenstrahlen nicht gut genug entwickelt hat, der muß mehr als jede andere Person Dämonen gegenüber wachsam sein.

Auch Sokrates konnte noch leicht sagen: Daimon heißt Gott. Auch er lebte in einem Übergangsstadium von den Frauenkulturen zur männlichen Zivilisation. In der Zeit, aus der er berichtet, gab es vorwiegend matriarchale, göttliche Geister. Seitdem sich der Mann aber verselbständigt hat, genauer, seitdem er sich nicht mehr mit der Frau rückkoppelt und damit auch die Bindung zur Göttin aufgegeben hat, seitdem er ein Abtrünniger geworden ist, gibt es auch patriarchale Geister. Und es gibt immer mehr.

Der männliche Fort-Schritt ist einerseits bekannt als technischer Fortschritt, als zivilisatorischer Fortschritt, andererseits aber als ein Fort-Schreiten vom Leben, von der Ökologie. Der Mann als Verkörperung des männlichen Prinzips, der Fort-Schreiter in Sachen und nicht des Lebens, ist ein Dämon.

Es kommt auf den Blickwinkel an. Die Einsiedlerin lebt in Beziehung zur am dichtesten besiedelten Welt: zur Geisterwelt. Je nachdem, von welcher Position, von welchem Glauben, von welcher Moral aus ich Geister beurteile, gibt es so viele Unterschiede unter ihnen, wie es unterschiedliche Menschen auf der Erde gibt. Für die Katholiken ist Papst Innozenz III, er hieß auch der Unschuldige, ein guter Geist. Bezeichnenderweise wurde er heilig gesprochen. Für mich ist Papst Innozenz III ein Schuldiger, ein böster Geist, ein Dämon. Papst Innozenz hat mit seiner berühmt-berüchtigten Bulle grünes Licht für den Massenmord an Millionen von Frauen gegeben. Die Autoren des Hexenhammers wurden vom "unschuldigen" Innozenz autorisiert, Jagd auf Hexen zu machen.

Ich bin mir meiner eigenen Fehlerhaftigkeit, meiner Beschränktheit bewußt. Ich kann nur, was ich kann. Ich erhebe nicht den Anspruch, "die Wahrheit" zu kennen. Was ich erzähle, ist ein Einblick in mein augenblickliches Leben. Es ist so, als ob du mit einer Taschenlampe auf einen winzigen Ausschnitt der Gesamt-Wirklichkeit leuchtest. Der größte Teil liegt im Dunkeln. Und so viel, wie der Lichtkegel einer Taschenlampe, meiner Taschenlampe, also faktisch ich, erleuchten kann, so viel steht jetzt hier auf dem Papier. Ich raufe mir nicht die Haare, weil ich nicht komplett bin. Ich bin mir meiner Unvollständigkeit bewußt. Ich habe Zeit. Was ich in diesem Leben nicht schaffe, werde ich im nächsten fortsetzen.

Das Mark, du weißt schon, das Konzentrat meines gegenwärtigen Weisheitsstandes, ist dies:

1. Egal, was man uns glauben gemacht hat, aus unserem Glauben wachsen die Gedanken. Die Gedanken wirken und materialisieren sich. Die Gedanken werden Wirklichkeit. Daher ist es von existentieller Bedeutung, daß wir uns unseren alten Glauben, unser inneres Wissen, unsere Weisheit, unsere Hoffnungsgedanken zurückholen und da, wo wir sie verloren haben, wieder neu aneignen.

2. Das Wissen um den Kreislauf von Tod und Wiedergeburt hat nichts mit dem Gebundensein an das "Rad des Leidens" (Buddhismus und die männlichen Lehren des Hinduismus) zu tun. Wir kommen nicht auf die Erde, um zu leiden. Wir kommen auf die Erde, um zu lernen. Und wenn wir freiwillig lernen, wenn wir uns freiwillig unter die Gesetzlichkeit, die in allen Personen und Dingen steckt, stellen, dann müssen wir nicht leiden.

3. Wir können uns den Weg durch die Institutionen

und durch das patriarchalische Wert- und Normensystem ersparen. Wir brauchen weder fernöstliche noch fernwestliche Weisheitslehrer. Die Tradition der weisen Frauen ist in uns. Wir sind die weisen Frauen, wir brauchen uns nur zu er-innern.

4. Göttinnen, Heroen, große Mütter, weise Frauen — unsere Ahninnen — sind weder Sagengestalten noch nichtssagende mythologische Figuren der Vergangenheit. Sie leben, da Tod und Wiedergeburt kein Hirngespinst, sondern Wirklichkeit sind, jetzt. Sie sind viel-sagend, sie haben uns viel zu sagen, wenn wir mit ihnen Verbindung aufnehmen.

5. Mit den Dämonen diesseits und jenseits werden wir am besten fertig, wenn wir uns und unser lebendiges Fortschreiten am wichtigsten nehmen und die Mitwirkung bei der Endlösung des Patriarchats verweigern. Also Rückzug, Aussteigen, sich dem Zugriff und der Verwaltungstendenz der Mann-Männer entziehen. Die Institutionen der inneren und äußeren Besatzungsmächte austrocknen. Keine Kräfte vergeuden, um zu reformieren. Kräfte sparen und für das seelisch-geistige Wachstum einsetzen.

6. Wir müssen keine neuen Religionen erfinden. Die Rückbindung kann jederzeit und allerorts stattfinden. Unterstützende Hilfsmittel sind die Quellen der Weisheit, sind das Tarot und die Astrologie.

7. Es genügt, wenn wir das erste Gebot der Matriarchate in seinem vielgestaltigen Umfang beachten: Liebe dich selbst, nimm dich selbst am wichtigsten. Wenn wir von Überleberinnen über die Leberinnen zu Er-Leberinnen gewachsen sind, werden wir ansteckend. Dann wird der Freiheitsbazillus herumgehen.

8. Wir müssen nicht missionieren. Wir haben die Göttin in uns. Jede Frau kann über ihr inneres Selbst mit der Göttin Kontakt aufnehmen. Für unsere Religion,

für diese Rückbindung, brauchen wir keine Kirche, keine Gebäude, keine Mission, keine Organisation, kein Testament, keine Bibel, kein Studium. Die Gesetze der Göttin sind in uns und um uns in der Natur wirksam.

"Du bist eine Hexe, wenn du dreimal laut sagst: Ich bin eine Hexe **und das auch denkst**. Du bist eine Hexe, wenn du weiblich, ungezähmt, zornig, fröhlich und unsterblich bist." (Robin Morgan)

Von den mittelalterlichen Hexen habe ich gelernt: Tu keinem weh und tu, was du willst.

Nachwort

Danken ist keine Höflichkeitsgeste, kein sinn-verlorener Rest einer vergangenen Zeit. Danken ist auch nicht Feed-back-geben auf eine erwiesene Wohltat. Danken ist Zurückgeben.

Dank ist die Rück-Gabe von etwas, was uns nicht gehört. Gaben, auf die ich keinen Anspruch habe, Geschenke, die zu bekommen nicht selbstverständlich ist, "entlohne" ich mit Liebesenergie. Darüber Bescheid zu wissen, daß wir keinen Anspruch auf Gaben haben, erzeugt für mich die so nötige **Bescheidenheit**. Solange ich über die Philosophie des Dankens **Bescheid** weiß und diese auch anwende, laufe ich nicht Gefahr, mich über andere zu erheben.

In diesem Sinne danke ich zuerst der Göttin und meinen Vorfahren, jenen, die Paracelsus die ascendens genannt hat. Allen voran danke ich meiner großen Mutter, die nicht nur die treibende Kraft in meinem Entwicklungsprozeß ist, sondern die auch bei diesem Buch meine weise Ratgeberin und Antriebskraft war. Ich habe in matrilinearer Erbfolge ihr Vermächtnis angetreten und verspreche ihr, daß ich diese meine Macht/Magie immer nur für lebendige Entwicklung, niemals **gegen** Leben einsetzen werde.

Ich danke Maria, meiner Liebsten, dafür, daß sie mich mit Liebesanstrengung durch die Höhen und Tiefen des Wechsels begleitet hat. Ich bedanke mich bei meinen Töchtern Eva-Sahel und Helena-Kejsa, denen ich viel an Selbständigkeit und Eigenverantwortlichkeit zumute. Beide haben ihr Leben lang und auch in den letzten Wochen und Monaten viel **Mut** bewiesen, weil sie mich zur Mutter haben. Ich bedanke mich bei ihnen dafür, daß sie so prächtige Jung-Frauen geworden sind und mich dadurch von schlechtem Gewissen und quälenden Schuldgefühlen erlöst haben. Beide haben auf Bequemlichkeit verzichtet und viel selbst in die Hand genommen.

Schließlich danke ich allen hervorragenden Frauen, von denen ich in den letzten Jahren gelernt habe. Es ist keine Phrase, wenn ich sage, jede Frau ist jeder Frau Guru, und ich müßte hier eine ganze Liste von Namen anführen, wollte ich alle nennen, die mich durch ihr So-Sein gefördert und mich mit ihrer Liebe genährt haben.

Ich grüße euch **alle**, und Liebe sei mit **euch**.

9. September 1983   Gerlinde Adia Schilcher

"Alte Hexenlieder"
Liederzyklus, alte Hexentexte und -lieder, gesammelt und herausgegeben von Gisela Meussling, neu vertont von Inge Latz, Grafiken von Petra Kaster, 112 Seiten (58 Seiten Notenmaterial), DIN A 4, 18,— DM

Die Titel der zwölf Lieder: Neun Welten kenn ich — Denn Euch ist heute das Licht geboren — Einstens ließen sich die Idisen nieder — Schöpferin du! — Erichtho's Seelenbeschwörung — Vom Himmel hernieder sprech ich den Mond! — Deirdres Lied — Anrufung des Loch-Steines — Drei-Frauen-Segen — Bildzauber — Besenruten, Besenruten ... — Schlangenbeschwörung

Inge Latz hat die alten Hexenlieder so vertont, daß der Schwerpunkt des musikalischen Ausdrucks bei der Stimme liegt. Die alten Texte hatten eine Funktion (helfend, beschwörend, heilend, beruhigend z.B. bei der Niederkunft, weissagend usw.), die beibehalten werden soll. Die verschiedenartigsten Instrumente, die Inge Latz einsetzt, haben begleitenden und unterstützenden Charakter. Die einzelnen Stimmen — auch die instrumentalen — können unabhängig voneinander benutzt werden. Inge Latz, die sich lange auf die Vertonung dieser alten Texte vorbereitet hat, will mit ihrer Musik fast Vergessenes wiederbeleben.

Edition Die Maus

"Hexenlieder",
Liederzyklus
zum Thema Hexen,
neue Texte von
Gisela Meussling,
Musik von
Petra Lorenz,
24 Seiten, DIN A 4
tiefroter Pappeinband,
geheftet, 5,— DM

Die Titel der zwölf Lieder: Die Hexe war's schuld — Katharina Hipperlein — Die Hexe und der König — Die Hexe und der Baum — Kommt, wir fahren auf den Blocksberg — Kräutertee — Halinka — Johannisblut — Walpurgisnacht — Hexenbesen — Das Hexenhaus — Zehn junge Hexen

Hexen — dieses Thema wird oft nur im Zusammenhang mit der Hexenverfolgung des ausgehenden Mittelalters und der beginnenden Neuzeit zugelassen. Diese Zeitperiode war grausam. Sie war aber nur ein relativ kurzer Abschnitt in der Geschichte der Hexen. Sie, die Hexen, gibt es viel länger. Und sie lebten lange Zeit unter günstigeren Umständen als in den nur kurz hinter uns liegenden Jahrhunderten. Deshalb sind in diesem Heft nicht nur ernste Lieder enthalten, sondern auch solche, die fröhlich stimmen und die aufzeigen sollen, daß Hexen nur in den Augen derer, denen sie nicht genehm waren und die sie folterten und hinrichteten, als "böse" galten.

Edition Die Maus

Veröffentlichungen der Edition Die Maus
(Stand: Herbst 1983)

Bücher
"dornröschen ist glatt abgehau'n", Straßen-Reime von Gisela Meussling, 191 Seiten, Taschenbuchformat, Paperback, 9,80 DM
"Marias Leben", Comic von Petra Kaster, 120 Seiten, DIN A 4, Chromolux-Einband, 26,— DM
"Sing, Frau, sing ...", Liedertexte von Gisela Meussling mit Musik von Inge Latz, Petra Lorenz und Gisela Meussling, Illustrationen von Petra Kaster, 120 Seiten, DIN A 4, silber bedruckter Einband, 28,50 DM
"Hexenlieder", Liederzyklus zum Thema Hexen, Texte von Gisela Meussling, Musik von Petra Lorenz, 24 Seiten, DIN A 4, geheftet, 5,— DM
"Alte Hexenlieder", Liederzyklus, alte Hexentexte und -lieder, gesammelt und herausgegeben von Gisela Meussling, neu vertont von Inge Latz, Grafiken von Petra Kaster, 104 Seiten (58 Seiten Notenmaterial), DIN A 4, 18,— DM
"Ich bin eine Hexe — Erfahrungen und Gedanken", von Judith Jannberg (Gerlinde Adia Schilcher), aufgeschrieben von Gisela Meussling, 155 Seiten, Paperback, 14,40 DM

Postkarten
1. Postkartenserie der Edition Die Maus, zwölf Karikaturen im Umschlag, schwarzweiß, Motive von Uliz, 3,50 DM
2. Postkartenserie der Edition Die Maus, zwölf Karikaturen im Umschlag, schwarzweiß, Motive von Uliz, 3,50 DM

Serie aus "Marias Leben" von Petra Kaster, zwölf Motive im Umschlag, schwarzweiß, 5,— DM
1. Weihnachtskartenserie, zwölf Weihnachtsmotive von Petra Kaster im Umschlag, schwarzweiß, 5,— DM
Glückwunschkarten, verschiedene Motive, Muster können angefordert werden.

Aufkleber
1. Auto- und Kofferaufkleber, Motiv: zwei Frauen mit Doppelaxt, leuchtend lila auf weiß, oval, Breite ca. 17 cm, 2,— DM
2. Auto- und Kofferaufkleber, Motiv: Frauen gegen Atomenergie, mittelblau auf weiß, oval, Breite ca. 17 cm, 2,— DM
3. Auto- und Kofferaufkleber, Motiv: § 218, leuchtend rot auf weiß, oval, Breite ca. 17 cm, 2,— DM
4. Auto- und Kofferaufkleber, Motiv: Ich mag mich, orange auf weiß, rund, Ø 12 cm, 2,— DM
5. Auto- und Kofferaufkleber, Motiv: Frauen lernen leben, hellblau auf weiß, rund, Ø 12 cm, 2,— DM

Graphiken von Petra Kaster
Nr. 1 — Frau mit Hut und Zigarette, DIN A 3, schwarzweiß, 15,— DM
Nr. 2 — Hagere Frau, DIN A 3, schwarzweiß, 15,— DM
Nr. 3 — Drei Frauen im Cafe, DIN A 3, schwarzweiß, 15,— DM
Nr. 4 — Alte Frau im Wohnzimmer, DIN A 3, schwarzweiß, 15,— DM
Nr. 5 — Frau mit Kugel auf einer Stadt, DIN A 2, schwarzweiß, 24,— DM
Nr. 6 — Die Flugstunde, DIN A 2, schwarzweiß, 24,— DM
Nr. 7 — Frau mit Puderquaste, 29,7 x 42 cm, schwarzweiß, 15,— DM
Nr. 8 — Partyfrauen mit Kalbskopf, 28,2 x 42 cm, schwarzweiß, 15,— DM
Nr. 9 — Franz der Gärtner, 28,7 x 34,5 cm, schwarzweiß, 15,— DM
Nr.10 — Poster "Das Galadinner", DIN A 2, schwarzweiß, 10,— DM
Verlag Gisela Meussling (edition die maus),
Friedrich-Breuer-Straße 77, 5300 Bonn 3